KB232488

건강한 교회 건강한 평신도

말씀과만남의 정신

도서출판 말씀과만남은 그리스도인들과 세상 모든 사람들이
하나님의 말씀과 만나 그 생각이 새로워지고 그 삶이 풍성해지도록 돕고 있습니다.

The Malsseum & Mannam Publishing House is helping Christians and men in the
world to meet with God' s Word so that they may have their spirits renewed and
have an abundant life.

배창돈 제자 훈련 시리즈 1

건강한 교회 건강한 평신도

배 창 돈

1판 1쇄 / 2004. 12. 10
발행처 / 말씀과만남
발행인 / 최 헌 근
등록번호 / 제20-444호
등록일자 / 1991. 6. 19

138-220 서울특별시 송파구 잠실동 339-3
Tel : (031)594-6327, Fax : (031) 594-6328
전자우편 : mmpress@hanmail.net

ISBN 89-7508-148-6 (03230)

정가 : 8,000원
잘못된 책은 바꾸어 드립니다.

배창돈 제자 훈련 시리즈 1

건강한 교회 건강한 평신도

배창돈 지음

말씀과만남

머리말

　예배당 건물과 많은 직분자가 있다고 해서 교회가 제 역할을 감당하는 것은 아닙니다. 사단은 교회가 제 역할을 하지 못하도록 끊임없이 방해하고 공격합니다. 그래서 교회와 평신도는 건강해야 합니다. 영적으로 성숙해야 합니다.

　초대교회가 주님이 위탁하신 복음 전파의 사명을 잘 감당할 수 있었던 이유는 건강한 평신도들이 많았기 때문입니다. 교회는 주님의 심장을 가지고 주님의 입과 발이 되어야 합니다. 교회가 건강하다는 것은 평신도들이 건강하다는 것입니다.

　교회는 많은 부류의 사람들이 있습니다. 그래서 말도 많고 문제도 많습니다. 그러나 각 지체인 평신도들은 머리되신 주님의 뜻을 받들어 하나 되어 복음 전파의 사명을 잘 감당해야 합니다. 그래서 주님은 제자훈련에 힘을 쏟으셨고 마지막 유언까지 '가서 제자 삼으라'고 하신 것입니다. 주님의 마음을 안다면 건강해지기 위해 몸부림을 쳐야 합니다. 제자가 되기 위해 희생과 아픔도 기꺼이 감수해야 합니다.

"건강한 교회 건강한 평신도"는 주님의 소원이며 우리의 소원이어야 합니다.

제자훈련을 시작한지 벌써 17년이 되었습니다. 주님이 하셨기에 할 수 있다는 자신감을 가지고 시작한 제자훈련의 열매 때문에 기뻐하고 감격하는 때가 한 두 번이 아닙니다. 이 책은 건강한 평신도들을 소원하며 썼습니다. 평신도들이 겪는 문제들을 솔직 담백하게 담았습니다. 평택대광교회에서는 이 글이 제자훈련생들에게는 필독서처럼 읽히고 있습니다. 이 책이 건강한 교회와 건강한 평신도가 되는데 작은 밀알의 역할을 하기를 기대합니다. 모든 영광 하나님께 돌립니다.

끝으로 평생 동역자로 지금까지 함께 달려온 사랑하는 아내와 기도 동역자인 두 아들 진과 현에게 감사의 마음을 전하며, 사랑하는 평택대광교회의 평신도 동역자들과 '말씀과만남'의 최헌근 사장님께 감사를 드립니다.

2004년 12월
평택에서 배창돈

☼

차 례

1. 출발선을 잘 보세요 / 13

2. 오늘이 중요합니다 / 16

3. 무슨 생각을 하고 있습니까? / 19

4. 어떤 교제를 하고 있습니까? / 22

5. 사탄에게 이용당하지 마세요 / 26

6. 결혼이 무엇입니까? / 29

7. 가정의 행복을 원하십니까? / 32

8. 자녀를 위해 무엇을 하십니까? / 35

9. 그래도 사랑하세요 / 38

10. "칭찬"이란 단어를 조심하세요 / 41

11. 당신은 예의를 지킵니까? / 44

12. 당신은 말을 조심하십니까? / 47

13. 착각 속에 살지 않습니까? / 50

14. 변명을 잘 합니까? / 53

15. 맞장구를 좋아하십니까? / 56

16. 남의 과거를 들추고 다닙니까? / 59

17. 당신은 겸손합니까? / 62

18. 당신은 회의에 참석할 자격이 있습니까? / 65

19. 자신을 학대하십니까? / 69

20. 자신을 아십니까? / 72

21. 사람 앞에서 신앙생활을 하십니까? / 75

22. 질서를 지킵니까? / 78

23. 얼마나 기다릴 수 있습니까? / 82

24. 무엇을 뿌렸습니까? / 85

25. 감사 생활을 하십니까? / 88

26. 당신은 성숙합니까? / 92

27. 누구와 교제를 하고 있습니까? / 95

28. 한 사람을 미워하십니까? / 99

29. 교회의 주인이 누구입니까? / 101

30. 당신은 성령 충만하십니까? / 105

31. 기본이 중요합니다 / 109

32. 아직도 육에 속한 사람입니까? / 112

33. 중병을 앓고 있지 않습니까? / 116

34. 좋은 자리만을 고집합니까? / 119

35. 행복은 가정에서 부터 시작됩니다 / 122

36. 건강한 성도입니까? / 126

37. 사랑은 오래 참습니다 / 133

38. 사랑은 온유합니다 / 136

39. 사랑은 투기하지 않습니다 / 139

40. 사랑은 자랑하지 않습니다 / 142

41. 사랑은 교만하지 않습니다 / 145

42. 사랑은 무례하지 않습니다 / 148

43. 사랑은 자기의 유익을 구하지 않습니다 / 151

44. 사랑은 성내지 않습니다 / 154

45. 사랑은 악한 것을 생각하지 않습니다 / 158

46. 사랑은 불의를 기뻐하지 않습니다 / 162

47. 사랑은 진리와 함께 기뻐합니다 / 165

48. 사랑은 모든 것을 참습니다 / 168

49. 사랑은 모든 것을 믿습니다 / 171

50. 사랑은 모든 것을 바랍니다 / 174

51. 사랑은 모든 것을 견딥니다 / 177

Healthy Church Mature Christian

건강한 교회 건강한 평신도

1

출발선을

잘 보세요

잘못된 출발 때문에 마음 아파하는 사람들을 보셨나요? 우리는 경기 중에 있는 선수들을 통해 이런 모습을 자주 볼 수 있습니다.

오래 전 북경 아시아대회에서 멀리뛰기 선수들이 출발선을 밟음으로 "실격" 판정을 받고 아쉬워하는 모습을 보았습니다. 달리기 선수들이 출발선에서 출발 시간과 코스를 이탈해도 실격판정을 받습니다. 그러므로 사람들은 언제나 출발선을 유심히 살펴야합니다. 그리고 올바른 출발을 해야 합니다.

인생에 있어 출발의 시간이 가장 중요한 것은 인생 모두가 선수이기 때문입니다. 아무리 열심히 달려도 출발이 잘못되었다면 상급이 없습니다.

선수들은 제일 먼저 출발선 앞에서 심판의 지시에 절대적으로 복종해야 합니다. 심판 없는 선수가 어디 있고, 심판 없는 경기가 어디 있습니까? 그러므로 우리에게는 출발선이 중요합니다.

그 옛날 출발의 방법과 시간을 어겨 고통을 당한 사람이 있었습니다. 바로 그 유명한 선수 아브라함이었습니다.

아브라함은 다른 모든 경기에서 규칙을 잘 지켰습니다. 그런데 "자녀" 문제에서는 실패하고 말았습니다. 인생의 주인이시며 심판관이신 하나님께서 자녀를 땅의 티끌같이 많이 주시겠다고 약속하셨습니다(창 12:16).

그런데 시간이 지나도 하나님께서 시작의 호루라기를 영 불지 않으셨습니다. 기다리다 지친 아브라함은 하나님의 신호를 기다리지 않고 아내 사라가 제시한 방법으로 "자녀 경주"를 시작하고 말았습니다. 하나님의 방법은 완전히 무시되고 아브라함과 사라가 나름대로 생각하여 출발한 것입니다.

그들은 그 출발이 바로 하나님의 뜻이라고 생각하였습니다. 그러나 얼마 후에 결과가 나타나기 시작했는데 생각과는 전혀 딴판이었습니다.

하갈이 잉태한 후에 그 여주인 사라를 멸시하기 시작합니다. 그러자 사라는 하갈을 학대하였고, 하갈은 집을 뛰쳐나갔다가 다시 돌아오는 사건들이 생깁니다. 이러한 가정적인 불화는 계속됩니다. 하갈이 이스마엘을 낳아 기르던 중에 사라에게서 아브라함의

적자 이삭이 태어났습니다. 이스마엘이 태어난 지 14년 후의 일이 었습니다. 그 후에 아브라함은 근심하기 시작합니다.

결국 하갈과 이스마엘 모자는 아브라함의 집에서 내어쫓기게 되고 그들은 방성대곡합니다(창 16, 21장).

잘못된 출발이었습니다. 이스마엘의 후손들은 이슬람교를 믿는 아랍인이 되어 3500년이 지난 지금까지 싸우고 있습니다.

아브라함의 실수는 그 가정의 문제로 끝나지 않고 후손에게 이어졌고 지금은 세계적인 불화로 확산되어 있습니다.

사람들은 잘못된 출발을 정당화하고 좋은 결과를 기대합니다. 그리고는 오히려 하나님께 복 주시기를 소원합니다.

그러나 여러분! 출발이 잘못되면 좋은 열매가 열리지 않는다는 사실을 기억하십시오. 내 생각과 판단이 아무리 옳다고 여겨져도 하나님의 호루라기 소리가 들리지 않으면 그 일을 포기하는 지혜가 필요합니다. 그렇지 않으면 조금 후에는 일들이 엉망진창이 되어 버릴 테니까요.

당신의 잘못된 출발로 인해 많은 사람들이 고통의 시간을 보내야 한다는 사실을 기억하시고 출발선! 출발선을 잘 보세요.

2

오늘이

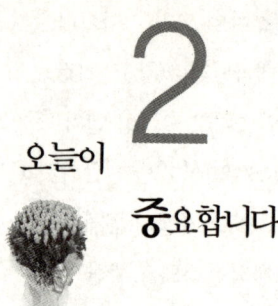

중요합니다

이 세상 최고의 부와 명예를 소유한 솔로몬은 고백했습니다. "모든 것이 헛되다." 그의 고백은 수천 년이 지난 지금까지 많은 사람의 마음에 깊은 여운을 남기고 있습니다. 바른 목적지를 몰라 헤매는 사람들은 이 말을 귀담아 들어야 합니다.

도대체 무엇 때문에 삽니까? 사람들은 한평생 그 무엇인가를 소유하기 위해 뛰어다닙니다. 당신의 그 무엇은 어떤 것입니까? 돈 입니까? 아니면 명예입니까? 혹은 인기입니까? 그런데 어느 날 생명이 끝나는 날, 이 모두가 물거품이 된다는 사실을 알아야 합니다.

어느 교장 선생님의 이야기입니다.

한평생 학생들을 위해 뛰어다니다가 퇴직을 했습니다. 퇴직금을 받아 조그만 집을 장만했습니다. 그 교장 선생님은 이제는 좀 편안하게 살아야겠다고 생각하고는 집을 정성껏 손보았습니다. 내일이 새 집으로 이사하는 날이라 밤늦게까지 손수 짐을 정리하다 잠자리에 들었습니다. 이사하는 날입니다. 다른 식구들은 다른 날보다 더 일찍 일어났습니다.

그런데 주인공인 교장 선생님은 계속 잠자리에 있었습니다. 식구들이 깨워도 아무런 기척이 없었습니다. 그분은 새 집으로 이사 하는 날 영원한 이사를 하신 것입니다. 다시는 올 수 없는 세상으로…

어느 신부의 이야기입니다.

내일은 결혼식입니다. 결혼을 위해 모든 준비가 끝났습니다. 결혼 전날 내일을 위한 설계에 부푼 마음으로 잠자리에 들었습니다. 결혼식이 시작되기 전 고향집으로부터 전화가 왔습니다. 차량 사정으로 부모님이 좀 늦게 도착을 해도 결혼식을 거행하라는 것이었습니다. 결혼식이 끝났습니다. 결혼식을 마친 후 신부는 아버지가 돌아가셨다는 소식을 들었습니다. 결혼 전날 딸의 결혼을 알리는 청첩장을 돌리다가 건널목에서 차에 치었다는 것입니다. 딸을 위해 준비한 결혼식 음식은 아버지의 장례식을 위해 사용되었습니다.

사람들에게 기쁨은 언제나 기쁨을 가져다주지 않습니다. 기쁨과 슬픔이 뒤섞여 있기에 도무지 알 수 없습니다.

친한 친구에게 복음을 전했습니다. "예수 믿고 같이 천국 가자!" "천국은 자네나 가게." 얼마 후 그 친구는 예수님을 모른 채 교통사고를 당해 죽었고, 자신의 말대로 천국과 정반대 방향으로 가 버린 것입니다. 다시는 벗어날 수 없는 영원한 고통의 장소로⋯.

우리에게는 오늘이 있습니다. 내일은 내 것이 아니기에 내일을 위해 산다는 것처럼 어리석은 일도 없습니다.

거지 나사로는 하루 먹고 살기에도 급급하여 개밥을 먹고 살았지만 바른 소망을 소유하였기에 천국으로 갔습니다. 그러나 부자는 오늘 너무 풍족하여 내일도 내 것인 양 준비하였지만 그의 결국은 지옥이었습니다.

그렇다고 내일을 포기하라는 말은 아닙니다. 내일의 계획을 세우십시오. 그러나 오늘의 계획이 올바른가를 확인하자는 것입니다. 오늘이 잘못되면 내일은 없습니다.

솔로몬의 고백도 바로 이런 내용을 담고 있습니다. 소망이 없는 소유는 헛된 것입니다. 바른 소망이 없는 노력은 화를 불러 올 수 있습니다.

우리는 오늘 해야 합니다. 분발하고 오늘을 뛰어야 합니다. 이것이 내일을 주시는 하나님의 뜻이 아닐까요?

3

무슨 생각을
하고 있습니까?

거의 2년 만에 만난 김 집사님이 "목사님. 안경이 바뀌었군요?"
라고 말하는 것이었습니다.

3년 정도 쓰고 다닌 안경을 바꾼 지가 불과 몇 개월 전의 일인데
기억하고 있다는 사실에 새삼 놀라움을 금할 수가 없었습니다. 3
년 전에 안경을 맞출 때에 그 집사님의 안경점에서 맞추었지만
그 안경을 기억하고 있을 것이라곤 전혀 생각지 않았기 때문입니
다.

사람이 무엇을 생각하느냐에 따라 말과 생활 방식이 결정됩니
다. 마음속에 있는 것이 입으로 나옵니다. 그리고 마음속에 있는
것을 찾고 바라보게 됩니다.

어느 날 전도사 때에 모시던 목사님께서 부흥 사경회를 인도 하실 때의 일입니다. 저녁식사 시간에 한 집사님이 "목사님. 이를 금으로 가시면 좋겠습니다."라고 말하는 것이었습니다. 식사를 맛있게 들고 계시는 목사님의 이를 유심히 살필 수 있는 여유를 가진 그분은 바로 치과 의사였습니다.

오래 전 예배를 마친 후에 성도들의 교제를 위해 다과회 시간을 가졌습니다. 그런데 그들의 대화는 언제나 동일하였습니다. "땅" "정치" "스포츠" 등이었습니다. 그들의 대화를 듣고 계신 주님은 분명 안타까워하셨을 것입니다.

그들의 대화 속에 예수님께서 들어갈 틈이 없었기 때문입니다. 주일 예배를 드리고 할 수 있는 대화가 고작 복덕방이나 이발소 등에서 들을 수 있는 이야기들 뿐이니 말입니다. 교인들의 대화는 그 개인뿐 아니라 교회의 영적인 수준도 가늠할 수 있습니다.

당신의 관심은 무엇입니까? 당신의 마음에 가득 찬 것이 당신의 이웃을 도울 수 있는, 주님께서 원하시는 것인지요?

사도 바울이 주님을 만난 후에 그에게 가득 찬 세상의 학문(그는 초등 학문이라 불렀음)을 배설물처럼 여겼습니다. 그리고 그는 하나님을 모르는 이웃을 향한 부담감 때문에 복음의 열정으로 가득 찼습니다.

그래서 만나는 사람마다 복음(Good News)을 전했습니다. 그의 마음속에 가득 찬 십자가의 사랑을 전하지 않고는 견딜 수가 없었기 때문입니다.

"그러나 내게는 우리 주 예수 그리스도의 십자가 외에 결코 자랑할 것이 없으니"라고 한 갈라디아서 6:14의 고백이 이를 대변해 주고 있습니다.

사랑하는 성도들이여!

우리는 자랑해야 합니다. 예수님의 십자가를… 그러기 위해서는 우리의 마음을 말씀으로 채워야 합니다.

사탄의 미혹시키는 말은 인류의 조상 아담과 하와에게 선악과를 먹고 싶은 마음을 주었습니다.

이후 하와는 선악과를 전보다 더 자주 바라보았을 것이고 결국에는 자신 뿐 아니라 아담까지 선악과를 따먹게 만들었습니다. 주님께서 마음의 범죄를 크게 취급하신 이유가 바로 여기에 있습니다. 미움 때문에 살인한 사람이 얼마나 많습니까? 탐욕 때문에 도적질한 사람이 또한 얼마나 많습니까?

당신은 지금 무슨 생각을 하고 있습니까?

4

어떤 교제를
하고 있습니까?

사람들이 모이는 공동체에서 일어나는 문제들은 거의 대부분이 인간관계 때문에 일어나게 됩니다. 사람이 많은 지식과 돈을 가졌어도 인간관계가 불완전하면 언제나 외롭고 고통스럽습니다.

오랜 시간 동안 혼자서 성경을 많이 연구하였어도 인간관계가 불완전하면 믿음이 좋다고 말할 수 없습니다. 사람들은 혼자서 살 수 없습니다. 이는 하나님께서 창조하실 때 인간에게 공동체적인 기질을 주셨기 때문입니다.

하나님께서 만들어 주신 최초의 공동체는 가정입니다. 가정은 공동체 훈련의 가장 첫 번째 단계로, 가정 공동체 훈련에서 실패한 사람들은 사회생활에서 큰 결점을 안고 생활하기에, 조그만 문제에도 상처를 당하여 고통스러워할 수밖에 없습니다.

가정에서 형성된 성격은 곧바로 다른 공동체 생활에서 나타납니다. 하나밖에 없는 외아들이나 외동딸들의 성격이 대체로 자신밖에 모르는 이기주의적인 경향이 있는 것은, 바로 이런 가정 공동체에서 형성된 성격 때문이라고 말할 수 있습니다.

가정교육이 정상적으로 이루어지지 않아 잘못 형성된 성격은 자신을 한평생 동안 찌르는 가시의 역할을 합니다. 이 사실을 통해 가정 공동체의 중요성을 실감할 수 있습니다.

하나님께서 만드신 또 다른 공동체는 교회입니다. 교회를 세우시기 위해서 주님은 자신의 몸을 포기하시며, 피를 흘리시는 엄청난 대가를 지불하셨습니다.

그러므로 교회를 향한 주님의 바람은 클 수밖에 없습니다. 성도들의 모임인 교회에서 각 개개인은 무엇을 해야 하며 어떻게 살아야 하는지 참으로 중요한 일이 아닐 수 없습니다.

그런데 하나님께서 만드신 공동체인 교회에서 성도들의 잘못된 인격이 변화되고 바르게 형성될 수 있습니다. 그러므로 그리스도 안에서의 모임이야말로 참으로 중요한 시간이 아닐 수 없습니다.

성도들의 교제 없이 신앙은 결코 성장할 수 없습니다. 물론 교제하는 가운데 고통을 당할 수도 있고 이웃에게 상처를 주기도 합니다. 그러나 그 속에서 자신의 결점을 발견하고 말씀을 통해 치유를 받는 노력을 통해 성장하게 되는 것입니다.

어떤 사람들은 대인 관계에 자신이 없어 아예 모임 자체를 피하는 경우가 있는데 이는 상태를 악화시킬 뿐입니다.

교제 가운데 가장 중요한 몇 가지를 기억해야 합니다.

(1) 자신의 결점을 겸손하게 인정해야 합니다. 만약 자신의 결점을 합리화하고 변명한다면 결코 변화가 없을 것입니다.

(2) 자신의 생각이 절대적이 아니라는 사실을 알아야 합니다. 우리의 생각은 흠투성이입니다. 그러므로 어떤 경우에든 언제나 서로에게 피해를 준다는 사실을 알아야 합니다.

사도 바울은 "회개하지 않는 고집은 하나님의 심판 날 형벌을 쌓는 결과를 초래하게 된다고 했습니다(롬 2:5).

(3) 말하기 전에 상대방의 입장을 깊이 생각해야 합니다. 자란 환경과 성격이 다르기에 어떤 일을 생각하는 방향이나 관점이 조금씩 다를 수 있으므로 서로 관용하는 이해심이 필요합니다.

(4) 상대방의 말을 경청하는 인내심이 필요합니다. 어떤 사람들은 자신의 생각과 주장만을 이야기하고 남의 이야기는 아예 들을 생각조차 하지 않는 사람이 있습니다. 이런 사람들은 결코 성장할 수 없는 사람들입니다.

(5) 예의를 갖추어야 합니다. 가까운 사이일수록 예의를 지켜야 합니다. 예의를 갖추지 않으면 적을 만들 수 있습니다. 참된 사랑

은 반드시 예의가 수반된다는 사실을 알아야 합니다(고전 13:5).

성도들의 교제에 대해 가장 관심이 많으신 분이 하나님이십니다. 부모가 자녀들의 교제에 관심이 많은 것은 당연한 일입니다. 사람은 결코 무인도에서 인격을 형성할 수 없습니다. 교제를 통해 어려움을 이겼을 때 인격이 성숙하고 아름다운 신앙이라고 칭찬받을 수 있는 것입니다.

그러므로 형제들과의 교제를 위해서 기도하는 것은 참으로 중요한 일입니다.

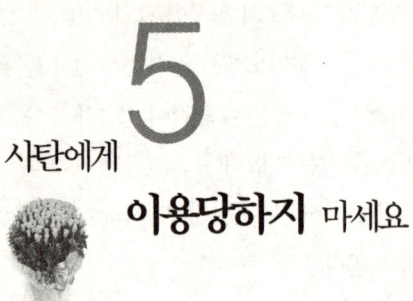

5

사탄에게
이용당하지 마세요

미워하는 사람이 있습니까?

세상을 살면서 한 번쯤 미워해 본 일이 없다면 분명 거짓말일 것입니다. 크고 작은 사건들과 함께 마음을 강타하는 미움의 감정은 언제나 우리를 괴롭힙니다. 왜 미워하며 살아야 합니까? 다툼이 판을 칩니다. 미움이 있는 곳에는 비판이 있습니다. 미움은 더러운 냄새를 풍깁니다. 미움은 두려움과 답답함을 몰고 와 수많은 사람들을 질식시킵니다. 아무리 친한 사람도 미움이란 병이 들면 보기 싫어집니다.

미워하지 않고는 살 수 없을까요?

분명 미워해야 할 것도 있습니다. 악은 미워해야 합니다(잠

8:7). 하나님께서도 미워해야 할 것이 있다고 하셨습니다. 우상은 미워해야 합니다(신 7:26). 거짓도 미워해야 합니다(시 31:6).

그러나 미움의 대상을 잘못 정하게 되면 그 고통은 이루 말할 수 없습니다. 미움의 병이 들면 그 어떤 것으로도 치료할 수 없습니다. 물질도, 지식도, 명예도, 그 무엇도 아무런 힘이 없습니다.

잠언 기자는 말했습니다. "채소를 먹으며 서로 사랑하는 것이 살진 소를 먹으며 서로 미워하는 것보다 나으니라" 미움이라는 병은 사람을 병들게 합니다. 육신과 영혼 모두 엉망진창으로 만들어 버립니다.

지금 누군가를 미워하고 있습니까?

그렇다면 계속 미워해 보세요. 그러면 끝이 보이지 않을 것입니다. 계속 어두운 터널 속에서 헤맬 수밖에 없을 것이니까요. 유명한 저술가 카네기는 말했습니다.

"우리는 남을 미워하는 생각 때문에 얼굴에 구김살이 생기며, 무신경하게 되며, 분한 감정 때문에 모양이 흉하게 된 여자를 많이 알고 있다. 이 세상의 어떤 미용술도 용서와 친절과 사랑으로 마음이 가득 찬 사람의 얼굴에 비하여 그 절반도 아름답게 꾸미지는 못할 것이다. 미움은 우리가 음식을 맛보는 능력까지도 소모시킨다."

미국의 초대 대통령이었던 워싱톤은 "상대방이 어떤 짓을 하든지, 그 사람을 미워하는 것처럼 자기를 타락시키는 일은 없다"고 말했습니다.

사랑이신 예수님은 말씀하셨습니다. "또 네 이웃을 사랑하고 네 원수를 미워하라 하였다는 것을 너희가 들었으나 나는 너희에게 이르노니 너희 원수를 사랑하며 너희를 핍박하는 자를 위하여 기도하라 이같이 한즉 하늘에 계신 너희 아버지의 아들이 되리니"(마 5:43-45).

하나님은 사랑이십니다(요일 4:8). 하나님의 자녀 된 우리가 사랑하지 못할 때에 하나님은 마음 아파하십니다. 부모 된 자들이 가장 고통스러운 것은 자녀들끼리의 다툼입니다. 서로 미워하는 형제들이 한 곳에 모여 있다면 그 집은 지옥의 모형이 되기에 충분합니다.

하나님의 자녀 된 우리가 서로 미워할 때 사탄은 박수 치며 기뻐합니다. 그리고 새로운 계획을 세울 것입니다. 그 계획은 우리를 완전한 파멸로 밀어 넣을 악랄한 계획임을 알아야 합니다.

사도 바울은 자신이 그리스도 앞에서 용서하는 것은 사탄에게 이용당하지 않기 위함이라고 고린도후서 2:10-11에서 말씀했습니다. 그러므로 미워하기보다는 미움을 당하는 편이 훨씬 낫다는 사실을 기억하십시오.

6

결혼이 무엇 입니까?

하나님께서는 자신의 형상대로 남자와 여자를 창조하시고 아름다운 결혼 설계를 하셨습니다. 하나님께서 설계하신 대로 사람이 살아가면 가장 아름다운 가정을 이룰 수 있습니다.

창세기 2:20-24에는 하나님께서 왜 인간의 결혼을 계획하셨는가를 말씀하고 있습니다. 하나님께서 아담을 만드시고 혼자 지내는 것을 보시고 안타깝게 여기셔서 아담을 깊이 잠들게 하신 후에 아담의 갈빗대 하나를 뽑아내어, 그 갈빗대로 여자를 만드시고 남자에게 데리고 가셨습니다. 그때 아담이 여자를 보고 이렇게 소리쳤습니다.

"이는 내 뼈 중의 뼈요 살 중의 살이구나! 남자에게서 나왔으니 이를 여자라 칭하리라"

성경 본문을 통해 하나님의 결혼 계획 속에 포함된 깊은 뜻을 묵상해 볼 수 있습니다. 결혼을 앞둔 사람들이 이 말씀의 깊은 뜻을 이해하면 아름다운 가정을 이룰 것을 확신합니다.

결혼은 첫째로, 하나님께서 원하고 계십니다. 결혼 제도는 하나님의 사랑의 표현임을 알아야 합니다. 외로워 보이는 아담을 보시면서 결혼이라는 계획을 세우신 것입니다. 하나님께서 직접 남자에게서 여자를 만드시고 여자를 남자에게로 이끌어 오신 것이 바로 결혼입니다(22절).

그런데 오늘날의 젊은이들이 결혼을 너무 쉽게 생각합니다. 그래서 쉽게 만나고 쉽게 헤어지는 세상이 되었습니다. 하나님께서 인간을 너무 사랑하셨기에 계획하신 이 사랑을 위한 계획이 인간들로부터 무시당하고 있는 것입니다.

그러므로 하나님의 사랑의 계획인 결혼으로 이루어진 가정을 소중하게 생각지 않는 것은 하나님에 대한 도전이요, 하나님의 사랑을 비웃는 범죄임을 알아야 합니다.

두 번째, 결혼은 내 중심적인 사고방식을 깨뜨리는 것입니다. 하나님께서 여자를 이끌고 아담에게 다가오시는 것을 보고 아담이 소리칩니다. "내 뼈 중의 뼈요 살 중의 살이라" 이 외침 속에는 귀중한 진리가 포함되어 있습니다. 바로 너와 나는 하나라는 것입니다.

지금까지는 내 중심적으로 살았습니다. 지금까지는 내 생각대로 살았습니다. 그러나 결혼을 하는 순간부터는 두 사람이 한 사람처럼 살아야 합니다. 랜드 우드라는 분은 결혼에 대해 "결혼의 성공은 정당한 짝을 찾기에 있는 것보다도 정당한 짝이 되는 데 있다."고 말했습니다.

F. 비까르는 "결혼이란 조리되어 있는 행복의 요리를 먹는 것이 아니라 이제부터 노력해서 행복의 요리를 둘이서 만들어 먹는 것이다."라고 말했습니다.

결혼에 성공한 모든 사람들은 하나님의 결혼계획을 바로 알았던 사람들입니다. 결혼이 내 자신의 만족을 위한 시작이라고 생각하면 실패할 수밖에 없습니다. 왜입니까? 하나님의 결혼 원리에서 벗어나기 때문입니다. 그러므로 결혼은 하나 되는 훈련입니다.

성경은 봉사의 내용을 남편과 아내에게 명확하게 말씀하고 있습니다. 왜 결혼을 사랑으로 표현하지 않고 봉사라고 말하는지 이상하게 생각할 수도 있습니다. 그러나 여러분, 사랑이 없으면 봉사할 수 없습니다. 이 세상 죄인들을 사랑하신 주님께서도 내가 섬기러 왔다고 분명하게 말씀하셨습니다.

그러므로 결혼 생활에서 섬길 수 없는 사람은 하나님으로부터 사랑받을 수도, 쓰임 받을 수도 없는 것입니다.

7

가정의

행복을 원하십니까?

부부가 피차에 어떻게 봉사해야 할 것인가는 에베소서 5:22-25
에 아내의 의무와 남편의 의무로 구분하여 기록되어 있습니다.
그 내용을 보면 먼저 부부 생활의 절대 표준을 정해 놓고 있는데
그 표준이 바로 예수님입니다. 본문을 보면 더욱 확실히 알 수가
있습니다.

먼저 아내의 의무입니다. "아내들이여 자기 남편에게 복종하기
를 주께 하듯 하라"(엡 5:22)

아내들은 남편 대하기를 예수님 대하듯이 하라는 말씀입니다.
성도들이 예수님께 복종하는 것을 지극히 당연한 의무로 생각하
듯이 아내들도 남편에게 복종하는 것을 이상하게 생각하거나 거
부감을 일으키지 말라는 것입니다.

다음은 남편의 의무입니다. "남편들아 아내 사랑하기를 그리스도께서 교회를 사랑하시고 위하여 자신을 주심같이 하라"(엡 5:25) 남편들은 예수님께서 우리를 사랑하셔서 십자가에 죽으시고 자신을 희생하신 것처럼 철저한 사랑의 자세로 봉사하라는 것입니다. 예수님께서는 이 땅에 오셔서 철저한 조롱과 고통을 당하셨고, 자신의 몸까지도 포기하는 사랑을 베푸셨습니다. 남편들에게 바로 이런 희생적 사랑을 요구하고 있습니다.

부부의 사랑은 조건적이 아니라 무조건적으로 주어야 함을 가르치고 있습니다. 이 세상의 사랑은 주고받는 것으로 이루어져 있지만 남편과 아내는 피차에 일방적으로 줄 것을 강조하고 있습니다. 그러므로 성경에서 "아내들이여! 남편이 그리스도께서 교회를 사랑하듯 사랑해 주면 복종하라"고 말씀하지 않습니다. "남편들아! 아내들이 너희에게 주께 대하듯이 복종하거든 그리스도께서 교회를 사랑하셔서 자신을 주심같이 하라"고 말씀하시지도 않습니다.

오늘날에는 희생이 없는 이기주의적인 사랑이 범람하고 있습니다. 하나님께서 성스러운 결혼의 제도를 만드실 때에는 사랑과 희생이 전제된 하나의 원리를 신랑과 신부에게 요구하고 계시는 것입니다.

그리고 신랑 신부는 가정을 이루어 주신 분이 바로 하나님이심을 기억해야 합니다. 그러므로 하나님을 모시고 살아가는 가정이 될 때 가장 이상적인 가정이 되는 것입니다. 사람들은 내가 잘나고 능력이 있어 좋은 아내와 남편을 만났다고 생각합니다. 그러나 여러분, 창세기 2:22에 보니 하나님께서 친히 여자를 이끌고 아담에게 가셨습니다. 이 얼마나 행복한 순간입니까? 하나님께서 두 사람의 손을 직접 잡게 하셨습니다.

시인 하이네가 "결혼 행진곡은 싸움터로 향하는 병사의 행진곡을 연상케 한다"고 한 말은 의미 있는 말이지만, 하나님의 뜻을 알고 순종하는 자들은 싸움터에서 승리할 수 있기에 염려할 것 없습니다. 이 세상의 그 누구도 대적할 수 없는 창조주 하나님께서 울타리가 되어 주시기 때문입니다.

여러분! 하나님께서 가정을 이루어 주셨기에, 가정들이 행복하기를 원하십니다. 그래서 행복의 길을 가르쳐 주셨습니다. 시편 128:1에서 "여호와를 경외하며 그 도를 행하는 자마다 복이 있도다"라고 말씀하신 것처럼, 새로운 가정을 이루는 신랑 신부가 하나님을 경외하여 하나님 말씀을 순종할 때에 화목하고 사랑이 넘치는 가정이 되어, 하나님의 결혼 설계에 맞는 축복받는 가정이 될 것입니다.

"너희는 먼저 그의 나라와 그 의를 구하라 그리하면 이 모든 것을 너희에게 더하시리라"는 예수님의 말씀처럼 하나님을 경외함으로 이 모든 문제를 해결 받고 풍요로운 생활을 영위하는 축복된 가정이 되시기를 바랍니다.

8

자녀를 위해
무엇을 하십니까?

청소년 범죄가 날로 심각해져 가고 있습니다. 범죄의 종류도 다양합니다. 집단 패싸움, 성폭행, 강도와 같은 무서운 범죄가 청소년, 특히 십대들에 의해 자행되고 있으니 실로 통탄하지 않을 수 없습니다.

초등학생이나 중학생들 대부분이 돈을 빼앗긴 경험이 있다고 하니 자녀를 마음 놓고 학교에 보낼 수도 없습니다. 그래서 많은 학생들은 신변 안전용 돈을 미리 가지고 다닌다고 합니다.

이러한 폭력적이고 공격적인 성격 형성은 사회의 변화와 매스컴의 발달이 가져다 준 사회악이라고 말할 수 있을 것입니다. 오늘날의 사고방식 또한 이러한 결과를 가져왔습니다. 물질만능주의는 수만은 사람을 범죄 속으로 밀어 넣었고 그 결과 우리의 어린 자녀들까지 오염시킨 것입니다. 그리고 지식에만 치우친 주입식 교육은 전인격적인 사람으로 성장시키는데 아무런 도움을 주지 못했습니다. 그러니 오히려 많은 지식이 지능적인 범죄에 이용될 수 있는 것입니다.

오늘날 국가나 사회단체에서 대대적으로 청소년 범죄에 신경을 쓰며 선도하려고 노력하고 있습니다. 그러나 상황은 매년 악화되어 갑니다.

당신의 자녀는 어떻습니까?아마 이 세상의 모든 자녀가 다 그래도 내 자식만큼은 그렇지 않다고 대답할 것입니다. 죄를 범한 아들을 찾아온 부모들의 공통적인 고백도 그와 같다고 합니다.

제 아들 현이가 어렸을 적에 다른 집에 가서 냉장고 문을 자연스럽게 열고는 음료수를 컵에 부어 마시는 것이었습니다. 보는 사람에 따라 여러 관점으로 볼 수 있지만 저는 심각하게 받아들였습니다. 어린아이들은 소유의 개념이 분명하지 못합니다. 그래서 좋은 것만 있으면 서로 가지려고 싸웁니다. 유아기에 일어날 수 있는 반응입니다.

그런데 문제는 유아기를 지나서입니다. 초등학교에 들어갔음에도 불구하고 친구들이 좋은 것만 가지고 있으면 윽박질러 빼앗아 가지고 놉니다. 이런 습관은 점차 성장하면서 남의 것도 자신의 마음에만 들면 빼앗아 가지게 됩니다.

요즘 돈을 빼앗는 불량 청소년들은 분명 이런 과정을 겪으면서 범죄의 길로 빠져든 것입니다. 요즘은 불량아가 따로 없다고 합니다. 언제든지 불량아가 될 가능성이 있다는 것입니다. 이는 대부분의 부모들이 자녀에게 남의 것에 대한 분명한 개념을 가르치지 않았기 때문입니다.

자녀 교육은 엄격해야 합니다. "초달을 차마 못하는 자는 그 자식을 미워함이라 자식을 사랑하는 자는 근실히 징계하느니라"고 한 잠언 13:24 이 이를 잘 지적하고 있습니다.(초달= 매를 대는 것)

어린아이들에게 가장 중요한 교육은 가정교육입니다. 하나님의 말씀을 묵상하게 하고 가정예배와 성경공부를 부지런히 해야 합니다.

학교공부와 과외공부, 학원 등에 열을 올리면서도 성경공부를 하찮게 여기는 오늘날의 세태는 참으로 안타까운 일이 아닐 수 없습니다.

자녀가 하나님을 사랑할 수 있도록 기도하고 성경을 가르치는 것 보다 더 큰 재산은 없습니다.

이스라엘 백성들이 자녀를 향해 말씀을 가르쳤던 열정이 얼마나 대단하였는지 신명기 6:4-9을 통해 배우십시오.

우리에게도 이 같은 열정을 주옵소서!

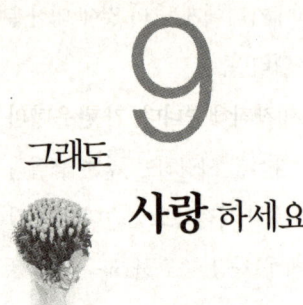

그래도

9

사랑 하세요

세상을 살다 보면 아무것도 아닌 문제가 사람을 괴롭힐 때가 있습니다. 그럴 때 해 주고 싶은 말이 있습니다. "그래도 사랑하세요."

잘잘못을 따져 분명하게 흑백논리를 전개해 보고 싶은 마음, 그리고 따져 보고도 싶겠지요? 그러나 "차라리 사랑하세요." 그러다 보면 아무 문제도 아닌 것처럼 보일 것입니다. 오히려 고통의 시간들이 변하여 유익을 가져다 줄 때가 반드시 찾아올 것입니다. 오래전 목사 안수를 받으면서 많은 계획들을 세웠지요. 그러나 계획의 절반은 실패로 인한 좌절을 맛보았습니다. 실패의 이유를 생각해 보니 그것은 사랑 때문이었습니다. 나 자신을 사랑하면 어김없이 실패했습니다.

그런데 성공도 했습니다. 역시 사랑 때문이었습니다. 예수님을 사랑하면 분명히 성공했습니다. 그래서 예수님 생각하는 시간들을 많이 가지기로 했지요. 예수님을 생각할 때는 반드시 예수님의 십자가를 먼저 생각했습니다. 가룟 유다의 배신, 제사장과 서기관들의 무자비한 취급, 유대 총독 빌라도의 비겁한 판결, 로마 병정들의 채찍, 머리에는 가시 면류관, 땀과 피로 일그러진 예수님의 얼굴, 도망쳐 버린 제자들…

그러나 예수님을 침묵하셨습니다. 그리고는 십자가에 달리셨고 조금 후에 운명하셨습니다. 예수님은 십자가 위에서 단 한 번도 원망하거나 미움을 표시하지 않으셨습니다. 오히려 저들의 죄를 용서해 달라고 하나님께 기도를 드렸습니다. 십자가에 달리신 예수님은 높고 귀한 권세자이신 예수님이 아니었습니다. 인류의 모든 짐을 짊어지신 죄인이었습니다. 죄인들은 십자가 밑에 있고 정작 의인은 십자가에서 사형을 당하신 것입니다. 하나님의 아들이신 예수님은 죄인들의 입장에서 죽으셨습니다.

그러므로 사랑은 입장을 바꿔 놓고 생각하는 데서부터 시작됩니다. 만약 예수님께서 우리를 이해하지 못하신다면 우리는 정죄를 받아 벌써 몇 번이고 죽을 수밖에 없었을 것입니다.

어느 날 간음하다 잡혀 온 추잡한 여인을 향해 모두가 돌을 들었습니다. 그러나 누구 한 사람 여인을 동정하거나 변호하는 사람이 없었습니다. 그때에 예수님께서 "죄 없는 자가 돌로 치라"고 하셨습니다. 살기와 멸시의 눈초리를 보내던 사람들은 슬금슬금 그 자리를 다 떠났습니다.

우리는 모두 그 예수님을 믿고 있습니다. 그래서 하나님의 자녀가 되었고 그리스도 안에서 형제가 되었습니다. 형제들은 서로 이해하고 돕지 않고는 살아갈 수가 없습니다.

예수님이 몸소 실천하신 사랑은 감정을 초월하고, 자아의 영역을 넘어 참된 자유를 주며, 정의의 편에 서 있는 영원한 사랑입니다.

오늘도 예수님은 사랑하는 형제들에게 말씀하십니다.

"새 계명을 너희에게 주노니 서로 사랑하라 내가 너희를 사랑한 것같이 너희도 서로 사랑하라 이로써 모든 사람이 너희가 내 제자인 줄 알리라"(요 13:34-35)

인생의 모든 문제가 그리스도 안에서 사랑으로 해결 안 될 문제가 없기에 사랑이야말로 세상 최고의 힘인 것입니다.

그러므로 사랑하는 형제들이여!

"그래도 사랑하세요."

10

칭찬이란

단어를 조심하세요

창세 이후로 인간에게 고통을 준 것이 있다면 바로 높아지려는 인간의 본성이 사탄에게 이용되었을 때라고 말할 수 있습니다. 하나님같이 되어 선악을 분별할 수 있다는 사탄의 부추김이 인류를 비극 속으로 몰아넣고 말았습니다(창 3:4). 높아지려는 심리는 언제나 사탄에게 이용을 당하고 그 결과가 비참하다는 데 문제가 있습니다.

그러므로 기독인은 칭찬을 할 때와 받을 때 정신을 차려야 합니다. 언제 사탄이 이용할는지 모르기 때문입니다. 아직까지 부족한 사람을 능력이 있다고 서너 번만 칭찬해 주면, 자신이 대단한 능력자인 것처럼 착각을 하여 능력자로 행세하게 됩니다. 그 다음에는 대단히 우습고 큰일이 벌어지고 말 것입니다.

칭찬을 하는 자들 또한 대단한 문제가 발생할 수 있음을 명심해야 합니다. 가령 같은 성도들끼리 "자매님 대단히 믿음이 좋습니다. 집사의 일을 해도 전혀 부족하지 않겠어요"라고 말했다면 그 말 속에는 대단히 큰 실수가 포함되어 있음을 알아야 합니다. 먼저 믿음에 대해 논하실 수 있는 분은 하나님이시기에 그는 하나님의 입장까지 올라갈 정도로 판단력을 완벽히 갖추고 있어야만 한다는 사실입니다. 그리고 집사가 될 수 있다는 판정을 내렸다면 그가 집사를 임명할 수 있을 정도의 완벽한 믿음을 가졌거나 영적인 지도자로 부족함이 없어야 한다는 사실입니다. 그저 남을 인정해 주어야 좋아하는 시대에 살고 있지만 잘못된 칭찬은 그 영혼을 구제불능의 교만한 상태까지 끌어올려 많은 영혼들에게 상처를 입힐 수도 있습니다.

정상적인 칭찬은 유익할 때도 많습니다. 열등감에 빠진 사람에게 "당신은 믿음으로 그 일을 능히 할 수 있습니다"라고 말했다면 오히려 힘을 얻어 주님을 사랑하는 데 열정적일 수도 있습니다.

그러나 칭찬하는 자의 의도와 받는 사람의 착각에서부터 일어날 결과가 사탄에게 이용된다는 사실을 기억해야만 합니다. 그리고 마땅히 칭찬받을 일을 한 사람 역시 칭찬에 집착하다보면 영적인 교만에 빠질 수 있음을 알아야 합니다. 그렇게도 겸손하던 사울이 왕이 된 후 하나님에 대한 불순종과 제사장의 권한을 침

범하는 지나친 자신감으로 인해 하나님으로부터 버림을 받고 말았습니다.

칭찬을 받고 좋아서 흐뭇해하며 웃고 있는 그 틈새를 사탄은 재빠르게 파고 들어온다는 사실을 아십니까? 당신이 생각 없이 내뱉는 칭찬이 하나님이 제일 싫어하시는 영적인 교만 병을 상대방에게 발생시킬 수도 있음을 아십니까?

그러므로 마땅히 칭찬받을 일을 하고서도 그 영광을 하나님께 돌리려고 결단한다면 별문제 없이 정상적인 신앙생활을 할 수 있을 것입니다. 교회에서 문제가 발생하는 대부분의 사람들을 보면 자신의 격에 어울리지 않는 칭찬이나 직분 때문임을 알아야만 합니다. 참으로 주님을 사랑하는 사람은 언제나 자신은 칭찬받을 자격이 없다고 생각합니다.

"이와 같이 너희도 명령받은 것을 다 행한 후에 이르기를 우리는 무익한 종이라 우리의 하여야 할 일을 한 것뿐이라 할지니라"(눅 17:10).

11

당신은

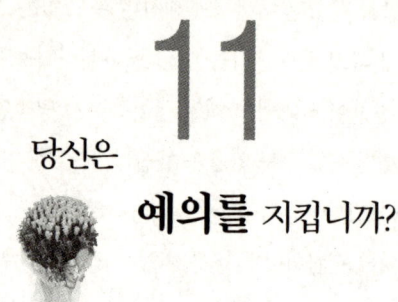

예의를 지킵니까?

당신은 예의를 지킵니까? 우리가 쉽게 생각하고 넘겨 버릴 수 있는 것이 바로 예의입니다. 가까운 사람들이나 친한 사람들에게 함부로 대하는 것이 얼마나 불편함을 주는지 깊이 인식해야 합니다.

처음 만나는 사람들은 누구나 할 것 없이 예의가 있습니다. 그러나 시간이 지나면 무례함이 나타나 이웃에게 불쾌감과 마음의 상처를 안겨 주는 예를 많이 봅니다.

예의는 가정교육에서부터 시작됩니다. 정상적인 교육을 받고 자란 사람들은 예의를 잘 지킵니다. 오늘날은 예의가 무너져 버린 시대가 되고 말았습니다. 부모의 권위, 스승의 권위가 이미 땅

속으로 사라진 지 오래 되었습니다.

이해관계에 따라 변하는 껍데기 예의만 무성합니다. 자신에게 유익을 줄 사람 앞에서는 최고의 경의를 표하지만 별 볼일 없는 사람에게는 무례함과 거만한 사람들이 많습니다. 많이 가졌고 많이 배웠기에 예의를 무시해도 된다는 사고방식처럼 타락한 사상은 없습니다. 약하고 순하게 보이는 사람들은 무시하면서 강하고 까다롭게 보이는 사람에게만 예의를 지키는 것처럼 무례하고 간사한 사람은 없을 것입니다. 예수님께서 약하고 천한 자들을 무시한 적이 있습니까? 오히려 낮고 천한 자들의 친구가 되셨고, 위로와 사랑으로 최고의 예의를 갖추셨습니다.

무례함은 사탄적인 영성입니다.

성령의 인도를 받았던 신앙의 사람들에게서 무례함을 찾아 볼 수 없음이 그 증거라 할 수 있습니다.

이와는 반대로 하나님의 뜻대로 살아가는 신앙의 사람들을 대항한 사람들은 한결같이 무례하였습니다.

다윗은 그 누구보다도 무례함을 많이 당하였습니다. 다윗이 한결같이 겸손한 사람이 될 수 있었던 이유가 무례함의 상처를 많이 가지고 있었기 때문일 것입니다.

무례한 자의 결국은 너무도 비참하였습니다. 다윗으로부터 자기 가축들의 보호를 받고도 은혜를 모르고 도리어 무례하게 다윗을 모욕한 나발은 하나님의 진노를 받아 돌같이 되어 죽었고(삼상 25:37-38), 암몬 왕 하눈은 다윗이 그의 부친 "하나스"의 사망 소식을 듣고 조문사를 보냈으나 오히려 정탐꾼이라 하여 조문사들이 수염의 반을 깎고 의복의 반을 벤 후에 돌려보내는 무례를 범하였는데, 이후 다윗과의 전쟁에서 대패하고 말았습니다.

어떤 경우에도 예의를 지켜야 합니다. 공손한 인사와 사려 깊은 말 한마디가 얼어붙은 마음을 녹일 수가 있습니다.

오랜 신앙생활 속에서도 말이나 행동에 변화가 없다면 이는 분명 중병에 걸려 있다고 볼 수 있습니다. 영국의 저술가 에이버리는 다음과 같이 말했습니다.

"견실한 공적보다도, 좋은 예법을 가졌기에 성공하는 사람들이 많다. 이와는 반대로 착한 마음과 좋은 뜻을 가진 사람들이 예의에 소홀함으로 적을 만드는 수가 많다."

12

당신은
말을 조심하십니까?

   당신은 말을 조심하십니까? 성도들 간에 일어나는 오해와 미움의 대다수가 말의 부주의로부터 온다는 사실을 아십니까? 초신자들이나 영적인 상태가 어린 사람들은 말에 실수가 많습니다. 그러나 말로 인한 상처는 초신자들보다는 직분자나 신앙 생활을 잘하는 사람들로부터 받는 경우가 더 많다는 사실을 알아야 합니다. 열심히 전도해서 교회로 나온 사람이 말 한 마디로 상처를 받고 교회를 나오지 않는 경우도 많이 있습니다.

   사람들은 언제나 자신의 입장에서 말을 합니다. 그러나 이것이 매우 위험하다는 사실을 깊이 인식하지 않는다면 돌이킬 수 없는 후회를 가져올 수 있습니다.

겨우 주일 낮 예배만 참석하는 어느 초신자가 어느 날 갑자기 교회를 얼마간 쉬어야겠다는 말에 놀라 그 이유를 물어 보니, 어떤 교인이 싫다는 것이었습니다. 그 이유인즉 그 교인은 만날 때마다 왜 교회에 안 나오느냐고 심문조로 말하니, 간혹 한 번씩 예배에 참석하는 것조차 민망하여 마음에 큰 부담이 된다는 것이었습니다.

물론 그 교인은 안타까워서 묻는 말이지만, 결과는 정반대가 되고 말았습니다.

또 다른 어떤 성도는 남편 때문에 심히 고통을 당하고 있었습니다. 남편의 술주정과 외도로 괴로워하고 있을 때, 어느 집사님의 "기도를 하지 않으니 그런 일이 생기지요"라는 말에 그의 고통이 배가 되었다고 합니다.

같은 직분자들끼리 일어난 일입니다. 김집사님이 여러 집사님들을 초대하여 식사를 대접하는데 강집사님이 "오늘 반찬이 다른 때보다 맛이 없는 것을 보니 김집사님이 성령 충만하지 못한 상태에서 준비했나 보구만!"하고 말해 다른 집사들이 당황했다고 합니다.

이처럼 무심코 내뱉는 말이 상대방의 마음에 못을 치는 것과 같은 결과를 가져올 때가 많습니다. 개인적인 신앙생활은 잘하는데, 말만 하면 상처를 주어 덕을 끼치지 못하기에 더더욱 안타까운 것입니다.

사람들마다 자란 환경과 성격이 다르기에 받아들이는 자세도 다릅니다. 상대방의 말을 별로 심각하게 생각하지 않는 사람이 있는가 하면 말의 마디마디를 되씹으며 생각하는 사람도 있습니다.

그러므로 말을 할 때 몇 가지를 생각하면 큰 도움이 될 것입니다.

첫째, 영적으로 유익이 되는지를 생각하고,

둘째, 그 사람의 신앙 상태와 성격을 깊이 생각하고,

셋째, 이해하며 권면하는 태도를 가지고 말해야 하며,

넷째, 영적으로 유익이 되는 말이라고 해도 훈계하는 식으로 말하거나 무시하는 듯 한 인상을 주어서는 안 되며,

다섯째, 생각하지 않고 무심코 하는 말이나 농담을 사탄이 이용한다는 사실을 명심해야 합니다.

하나님은 우리가 하는 모든 말을 다 듣고 계십니다.

"사람이 무슨 무익한 말을 하든지 심판 날에 이에 대하여 심문을 받으리니 네 말로 의롭다 함을 받고 네 말로 정죄함을 받으리라"(마 12:36-37)는 예수님의 말씀입니다.

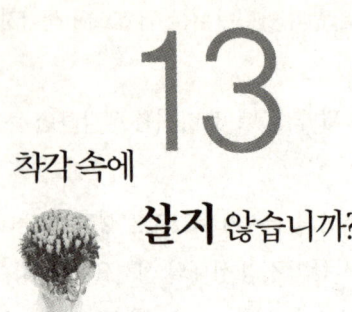

13

착각 속에 **살지** 않습니까?

　사람은 누구나 할 것 없이 착각 속에 살아갈 수 있습니다. 자신의 의지와 상관없이 움직이는 몽유병 환자처럼 말입니다. 무지를 인정하려고 하지 않는 수많은 사람들 때문에 세상이 얼마나 어수선한지요?

　모르면서도 알고 있다고 생각하는 사람들, 부족을 인정하지 않는 자칭 최고의 사람들, 자신의 지식과 경험이 최고인 양 으시대는 사람들, 하나님께서는 우리들을 보시면서 웃기도 하시며 한심스러워하시지 않을까 생각해 봅니다. 사람들이 저마다 잘났다고 우기고 있으니 말입니다.

　얼마 전 멀리서 운동하고 있는 목사님에게 "목사님! 공을 이쪽

으로 보내지 마세요."라고 큰소리로 외쳤습니다. 옆에 있던 장목
사님이 "아니 목사님! 몽사님이 뭐요 목사님이지!"라고 말하였습
니다. 분명 목사님이라고 불렀는데 몽사님이라고 불렀다니 우스
워서 "목사님 귀가 잘못된 것 아닙니까?"라고 말하니 자신은 분명
몽사님으로 들었다는 것이었습니다. "저는 목사님이라고 했습니
다." "아닙니다. 몽사님이라고 했습니다." "아닙니다. 목사님입니
다." "몽사님입니다." 둘이서 한참 옥신각신하니까 다른 목사님
들이 자초지종을 듣고 배꼽을 잡고 웃는 것이었습니다. 장목사님
의 귀에 이상이 생겼든지 내 입속에 있는 혀가 실수했든지 둘 중
의 하나일 것이라는 것이 그 사건의 결론이었습니다.

서로 옳다고 우기는 세상을 살면서 우리들은 종종 이런 착각을
할 때가 있습니다. 발전성 없고 무의미한 것에 집착하여 옳다고
우기며 많은 시간들을 허비하면서 말입니다.

사람들은 조그만 일에서부터 큰일에까지 많은 착각 속에 살아
갑니다. 그러나 언제까지 착각으로 남아 있을 수는 없습니다. 주
님 앞에 가서 자신의 주장과 생각이 착각임을 깨달을 때는 이미
때가 늦기 때문입니다. 한 달란트 받은 자는 자신의 생각대로 한
달란트를 땅 속에 묻어 두고 자신의 주장을 피력했으나 그의 결
국은 너무나 비참했습니다.

하나님의 판결문은 너무나 단호했습니다. "그에게서 그 한 달
란트를 빼앗아 열 달란트 가진 자에게 주어라… 이 무익한 종을

바깥 어두운 데로 내어 쫓으라 거기서 슬피 울며 이를 갊이 있으리라(마 25:28-30).

착각 속에서 사는 인간들을 깨우치기 위해 하나님은 말씀을 통해 권고하십니다. 오래 전 선지자와 사도들은 이 착각을 깨우치기 위해 수많은 노력을 기울였습니다. 특히 이스라엘 백성들이 유년기 성경 교육에 열을 올린 이유 역시 인생의 착각을 미연에 방지하여 하나님의 뜻대로 살게 하기 위함이었습니다. 이에 대한 하나님의 명령은 너무나 준엄하였습니다.

"오늘날 내가 네게 명하는 이 말씀을 강론할 것이며"(신 6:6-7)

사람의 일생 가운데 어쩌면 절반 이상을 착각으로 사는지도 모릅니다. 어떤 사람들은 전 인생을 착각 속에 살다가 갈 수도 있을 것입니다.

착각 속에 살지 않습니까? 하나님의 말씀이 당신의 착각을 바로잡아 줄 것임을 믿고 말씀을 사모하십시오. 그러면 착각에서 벗어날 것입니다(히 4:12-13).

14

변명을 잘 합니까?

사람에게는 자신의 문제점을 숨기려는 마음이 있습니다. 이는 아담 이후로 인간이 가진 가장 좋지 못한 습관입니다. 예수님께서 활동하시던 시대에도 이런 현상들을 자주 볼 수 있습니다. 그 당시 엘리트이며 경건주의자로 의를 자랑하던 바리새인이나 서기관들이 바로 그 대표자들이었습니다. 그들은 도무지 자신들의 문제점이나 잘못을 시인하지 않았습니다. 도리어 죄를 지적하시던 예수님을 잡아 죽일 궁리나 하였습니다.

그런데 오늘날은 어떠합니까? 그때보다 더 나아졌다고 말할 수 없을 것입니다. 너무나 의인과 잘난 사람들이 많은 세상에서 우리는 살고 있습니다. 자신의 잘못을 합리화시키고 변명하고 있습니다. 오히려 남의 잘못을 찾아내기에 혈안이 되어 있는 것입니다.

성경에 보면 하나님께서는 변명하는 사람들을 가장 싫어하셨습니다. 어떤 이유에서든지 범죄에 대한 변명은 오히려 더 큰 징벌의 대상이 되었습니다. 선악과를 따먹은 아담과 하와의 변명은 결코 받아들여지지 않았고, 사울 왕의 변명 역시 하나님으로부터 용서받을 수는 없었습니다. 죄를 지은 사람들에게는 분명 이유가 있습니다. 하고 싶은 말이 있습니다. 자라난 환경이나 자신의 주변 상황 등 도무지 피할 수 없는 합당한 이유 말입니다. 그런데 하나님께서는 어떤 이유든지 도무지 이해해 주시지 않습니다. 왜입니까?

이는 죄의 해결은 회개이기 때문입니다. 회개는 하나님께서 만드신 법칙이요 방법입니다. 그러기에 하나님께서 자신의 죄에 대해 합리화하며 변명하는 것을 보시면 오히려 진노하시는 것입니다.

하나님께서는 오래 전에 말씀하시기를 "오라 우리가 서로 변론하자 너희 죄가 주홍 같을지라도 눈과 같이 희어질 것이요 진홍 같이 붉을지라도 양털같이 되리라"고 이사야 1:18에서 말씀하셨고, 예수님은 "죄인 하나가 회개하면 하늘에서는 회개할 것 없는 의인 아흔아홉을 인하여 기뻐하는 것보다 더하리라"고 누가복음 15:7에서 말씀하셨습니다.

회개는 용서와 사랑의 대상이었고 더 나아가 주님의 제자가 되는 지름길이었습니다. 이사야 선지자가 그랬고(사 6:5), 베드로가 그랬습니다(눅 5:8). 빌립보 감옥의 간수는 죄를 자각하고 회개함으로 전 가족이 구원을 받는 축복을 받았습니다.

성경에는 회개에 대해 몇 가지로 묘사하고 있습니다. 첫째로 회개는 하나님께로 돌아오는 것입니다(삼상 7:3; 행 9:35). 그리고 회개는 악으로부터 나오는 것이라고 말씀하고 있습니다(행 8:22).

죄악은 영적인 상처입니다. 말씀을 통해 자신의 죄를 발견하였으면 더 곪아터져서 생명을 잃기 전에 빨리 고쳐야 하는 것입니다.

오래 전에 어떤 집사님이 목사가 죄에 대한 지적을 많이 하면 교인들이 싫어하고 오히려 반감을 사니 좋은 설교만 해 달라는 주문을 해온 적이 있습니다. 그렇다면 목사는 무엇을 해야 합니까? 교인들이 듣기에 좋은 미사여구만을 나열해야 합니까?

지금 이 시간에도 주님은 회개하는 자를 찾고 계십니다. 참으로 회개하는 자는 그저 주님 앞에 무릎을 꿇을 뿐입니다. 아무 말이 없습니다. 그저 잘못을 빌며 눈물을 흘릴 뿐입니다.

사랑하는 형제들이여!

우리의 모든 과거를 한눈에 보시는 주님은 회개하는 자에게 다가오셔서 위로하시고 새 힘을 주십니다. 그러나 변명하는 자로부터는 얼굴을 돌리신다는 사실을 기억해야만 할 것입니다.

15

맞장구를
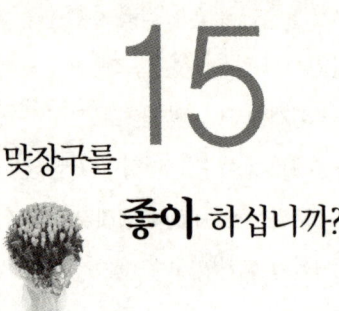
좋아 하십니까?

　사람들의 마음속 깊은 곳에서는 자신의 의견에 동조해 주는 사람을 찾고 있습니다. 대체적으로 사람들은 내 마음이 선에 속해 있느냐, 아니면 악에 속해 있느냐 에는 별 관심이 없습니다. 나 자신이 추구하는 욕심과 사상이 일치하면 그저 좋은 것입니다.

　그래서인지 사람들은 상대방의 마음을 읽으려고 노력하고 그 마음을 맞추기 위해 맞장구를 칩니다. 그래서 새로운 친구를 얻고 동조자 한 명을 소유하게 됩니다.

　그러나 동조자를 얻었다는 막연한 기쁨보다는 동조자를 얻을 수 있었던 출발점으로 되돌아갈 필요가 있습니다. 내 앞에서 맞장구를 치고 있는 저 사람의 마음이 그 동기가 어디에서부터 출발되었는가를 정확히 파악하지 못할 때에 불행한 사실이 내 앞에 전개될 수 있기 때문입니다.

오래 전 하와가 선악과를 따먹고 그 선악과를 자신의 남편인 아담에게까지 건네준 사실을 기억하십니까? 선악과를 건네주는 하와는 자신의 범죄에 맞장구를 쳐줄 대상으로 남편 아담을 선택했고, 아담은 하와의 뒤에 서 있는 사탄을 보지 못하고 그 행위에 대해 맞장구를 치고 말았던 것입니다.

죄를 범한 사람은 언제나 자신에게 동조할 사람들을 구하러 다니고 있음을 명심해야 합니다. 혼자서 죄를 짓는 일이 너무 외롭고 두렵기 때문입니다. 그래서 세상의 범죄가 단독범보다는 공범이 많은 것이 아닐까요?

20년 이상 목회를 하면서 하나님의 복음을 저해하고 하나님의 사역에 가장 방해가 된 것이 바로 잘못된 맞장구였습니다.

순모임이나 제자훈련 시간에도 가끔 잘못된 맞장구를 치는 사람들을 볼 수 있습니다. 잘못된 맞장구는 동조를 구한 사람의 죄의식을 약화시킴으로 앞으로도 계속해서 죄를 당연시하는 영적 무감각증에 빠지도록 하는 영혼 실족죄에 해당될 수 있음을 알아야 합니다. 또한 하나님의 말씀을 적당하게 생각하는 말씀 우롱죄까지도 추가됨을 알아야 합니다.

결국 하나님의 뜻에 어긋나는 행위를 보았을 때 분명하게 말씀을 통해 잘못을 지적해 주지 못하면 서로에게 불행한 사태가 다가올 수밖에 없습니다.

하나님께서는 사람의 비위를 맞추는 사람보다는 하나님의 뜻을 분명하게 전할 수 있는 용기 있는 사람을 찾고 계십니다. 그러기에 맞장구를 잘 치는 사람일수록 사탄의 노리개 역할을 자신도 모르는 사이에 하고 있는 것입니다.

사도 바울은 이 사실에 대해 로마서 1:32에서 경고하고 있습니다. "저희가 이 같은 일을 행할 뿐 아니라 또한 그 일을 행하는 자를 옳다 하느니라."

예수님께서는 이 땅에 오신 목적이 영혼을 구하는 일이었습니다. 그런데 먼저 된 자들이 태연하게 영혼을 실족시키면서도 눈 하나 깜짝하지 않는 시대가 되었으니 말세는 말세인 모양입니다.

우리의 과거를 돌아봅시다. 그리고 회개하는 시간을 가집시다. 예수님께서 "누구든지 나를 믿는 이 소자 중 하나를 실족케 하면 차라리 연자 맷돌을 그 목에 달리우고 깊은 바다에 빠뜨리우는 것이 나으니라"(마 18:6)고 엄숙하게 권고하신 말씀이 심판의 날 당신에게 해당되지 않기를 원합니다.

16

남의 과거를
들추고 다닙니까?

세상을 더럽게 오염시키는 사람들이 있습니다. 그들은 바로 자칭 의인들로서 남의 과거를 들추며 다니는 사람들입니다. 안타까운 것은 교회안에서도 한두 명씩 이런 사람을 찾아 볼 수 있기에 더더욱 서글퍼집니다. 바로 이런 사람들 때문에 교회가 더러워지는 것입니다.

저렇게 추한 놈이 기도는 해서 뭐해!

저게 무슨 집사야!…

그러나 형제여! 당신은 교회가 죄인들의 모임이라는 사실을 잊어버리셨습니까? 예수님은 죄인들을 위해 이 땅에 오셨지 의인을 위해 오시지 않으셨음을 왜 아직도 모르고 계십니까?(마 9:13)

오래 전 예수님 앞에 끌려 나온 어떤 여인은 간음을 하고 돌에 맞아 죽기만을 기다렸을 때, 예수님은 "죄 없는 자가 돌로 치라"고 하셨고 돌을 들고 살기등등하게 광기를 부리던 군중들은 슬그머니 뒷걸음치며 그 자리를 도망치듯 사라져 버리지 않았습니까?

형제여! 예수님의 족보에 실린 여인들의 이름 중에는 여리고성에서 기생 노릇하던 라합의 이름이 기록되어 있고, 창녀로 변장하여 시아버지 유다를 속여 동침하여 쌍둥이 베라스와 세라를 낳은 다말이라는 여인의 이름이 기록되어 있음을 아십니까? 또한 예수님의 제자 중에 그 당시 용서받을 수 없는 사람으로 허가 낸 도적질을 하던 세금장이 마태를 기억 하시는지요?(눅 5:27-28)

예수님은 과거를 문제 삼지 않으셨습니다. 죄를 회개하고 예수님 앞에 나오면 어떠한 과거도 문제 삼지 않으셨습니다. 그래서 우리는 예수님 앞에 나왔습니다.

형제여! 이제 와서 남의 과거를 들추고 다녀서 도대체 무엇 하자는 겁니까?아픈 상처들을 파헤쳐서 무슨 유익이 있겠습니까?

용서받을 수 없는 수많은 죄를 탕감 받은 우리가 어떻게 남을 정죄하며 과거를 말할 수 있겠습니까?

주님은 과거보다 현재와 미래를 중요하게 보십니다. 어떠한 과거도 문제 삼지 않으시는 우리의 주님 앞에 서서 이웃을 향해 험담하고 시기한다면 그 옛날 바리새인들에게 책망하셨던 "독사의 자식"이라는 칭호가 붙여지지 않을까 걱정스럽습니다.

남의 과거를 묻지 맙시다. 남의 과거를 들추지 맙시다. 당신의 과거를 사랑하듯 그들의 과거도 사랑해 줍시다. 그래서 과거를 말하는 사람에게 이 사실을 설명하고, 그래도 듣지 않으면 그를 위해 기도하고, 그래도 듣지 않으면 얼굴을 돌려버립시다.

당신이 남의 과거를 재미있게 듣는 순간 사탄은 당신의 마음을 마음껏 유린하며 다닌다는 사실을 알아야 할 것입니다. 그리고 한 사람을 하나님처럼 마음대로 평가하는 죄를 짓고 말 것입니다. 그리고 당신과 마주보고 남의 과거를 들추는 그 사람은 얼마 후에 당신의 과거도 들추며 다른 사람들과 히히덕거릴 것입니다.

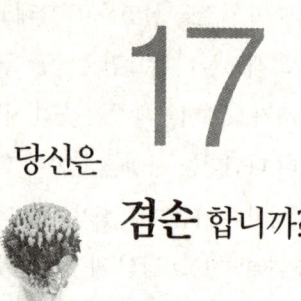

17

당신은 겸손 합니까?

매일 점검해도 부족한 것이 있습니다. 이는 바로 교만의 수위를 측정하는 일입니다. 하나님께서 제일 싫어하시는 것이 바로 교만이기 때문입니다. 교만은 인생행로에서 대형 사고를 불러 오고야 맙니다.

교통사고 중에 대형 사고의 현장은 대부분 고속도로처럼 포장이 잘된 도로입니다. 포장이 안 된 시골길에서 대형사고가 났다는 이야기를 들어본 적이 있습니까? 포장이 잘된 길에서 마음 놓고 달리다가 사고가 나면 거의가 생명을 잃거나 치명적인 상처를 입게 됩니다.

이처럼 고속도로 위를 달리듯 출세가도를 달릴 때가 위기임을 알아야 합니다.

사울이 시골길을 걸을 때는 겸손했습니다. 그러나 왕궁의 대리석을 밟는 순간 그는 균형을 잃고 말았습니다. 결국 비극의 왕이 되고 만 것입니다. 사랑하는 세 아들 요나단, 아비나답, 말기수아는 블레셋과의 싸움에서 모두 죽었고 자신은 자살하고 말았습니다.

오늘날은 어떻습니까?

돈이 좀 생기면 금방 사장님 대우를 받아야 하는 세상이 되었습니다. 더더욱 안타까운 것은 교회 안에서도 이런 모습을 발견할 수 있다는 것입니다.

어느 날 갑자기 사람이 변했습니다. 그 이유가 무엇인지는 확실히 알 수가 없습니다. 인사하는 태도가 달라졌습니다. 평소에는 그렇게 겸손하게 보이던 사람이 뻣뻣하게 되었습니다. 전화를 받는 태도도 달라졌습니다. 도무지 형제애를 발견할 수 없을 정도로 사무적인 자세가 되었습니다. 무엇이 그 사람을 그렇게 만들었을까요?

사랑하는 형제들이여! 각자를 돌아보는 시간을 가집시다. 무엇이 당신을 변하게 하였습니까? 이제는 직분자가 되었으니까, 이제는 이만큼 성숙하였으니까, 이제는 어른이 되었으니까…

어떤 이유에서든 당신의 행동이 무례하다는 것은 당신이 교만하다는 증거입니다. 성경이 이를 증명해 주고 있습니다. "무례하

고 교만한 자를 이름하여 망령된 자라 하나니 이는 넘치는 교만
으로 행함이니라"(잠 21:24)

교만한 자에게 나타나는 무례한 행동을 망령이라고 말씀하고
있습니다. 그 누구도 망령들고 싶은 사람은 없을 것입니다. 그러
나 하나님께서는 나도 모르는 사이에 자리를 잡은 교만 때문에
나타나는 무례한 행동을 보면서 망령든 자로 취급하신다는 사실
을 기억해야 합니다.

우리는 그 누구든 함부로 대할 수 없습니다. 어떤 이유에서든
무시해서는 안 됩니다. 아무리 악인이라고 해도 말입니다.

어떤 상황에서도 결코 변하지 맙시다. 머리에 금면류관이 씌워
지고 다이아몬드가 박힌 순금으로 된 옷을 입고 있을지라도 우리
의 마음은 언제나 겸손해야 합니다.

죽음을 앞둔 사람들에게 다가오는 불치병이 망령입니다. 영적
인 불치병인 망령이야말로 벼랑 끝에 선 최고의 위기임을 알아야
할 것입니다.

18

당신은 회의에 참석할
자격이 있습니까?

사람들이 살고 있는 곳이라면 어디나 회의를 하게 됩니다. 초등
학교에서 시작된 회의는 직장이나 가족, 친목회, 그리고 국회나
전쟁터에서까지 하게 됩니다.

사람들의 의견을 조정함으로 사업이나 어떤 목표를 위해 효과
적인 결과를 얻기 위한 모임을 회의라고 합니다. 그런데 이러한
회의가 분열의 장소가 되고 싸움터로 변하는 모습을 흔히 볼 수
있습니다.

오늘날 교회의 모습은 어떠합니까? 교회 안에서도 수많은 회
의로 조직을 형성하고 있습니다. 당회, 봉사위원회, 제직회, 선교
위원회, 청년회…

분명한 사실은 이러한 회의들이 하나님의 일을 효과적으로 처리하기 위해 존재해야 한다는 사실입니다. 그럼에도 불구하고 회의를 하고 나면 대부분 회원들에게 기쁨과 희망을 주기보다는 염려와 갈등을 가져다 줄 때가 많음을 볼 수 있습니다. 이는 회의에 참석하는 회원들의 수준에 따라 반응이 달라질 수 있습니다.

영적인 어린아이들이 그 회의에 참석한다면 자신의 이기심이나 이익, 혹은 이해관계에만 민감할 것입니다. 그래서 자신에게 손해가 되거나 불리한 결정에 대해 불만을 토로하고 싸움도 마다하지 않을 것입니다. 그리고 그 회의가 끝난 후에도 깨끗하게 승복하지 못하고 자신의 주장을 계속해서 굽히지 않고 만나는 사람들에게 불평을 터뜨릴 것입니다.

이런 이유 때문에 회의 시간만 되면 분위기가 경직되어 언쟁을 하는 경우를 자주 볼 수 있었습니다. 그리스도인들끼리 서로 언쟁하며 싸우는 모습은 사탄을 즐겁게 해 주기에 충분한 모습이기에, 사탄은 교회 내의 회의 시간을 가장 기다릴는지도 모릅니다. 그러므로 회의에 참석하는 회원들은 기도와 말씀으로 무장하고 자신이 분명 주님을 사랑하는 제자인지 확인하며 회의에 참석해야 할 것입니다.

더욱이 회원의 선택은 너무나도 중요하다고 말할 수 있습니다. 당회원이 될 장로의 선택과 그 외의 회의에 참석할 직분자(집사나 임원)의 선택이 인간적인 방법이나 세상적인 능력에 따라 되어서는 안 됩니다. 특히 직분을 벼슬처럼 여기는 사람이나 남에게 인정받는 도구로 여기는 사람이 회원(장로, 집사, 임원)이 된다면 분명 사탄의 도구가 될 것입니다. 회의에서 주님의 뜻과 무관한 자신의 주장을 내세우며 남을 비판하고 당을 갈라낼 수 있기 때문입니다. 이런 사람들은 회의의 법이나 원리를 내세우지만 실상은 자신의 욕심과 사람들 앞에서 인정받으려는 심리까지 포함되어 있는 것입니다.

그러므로 회원을 선택할 때 믿음의 공동체 의식을 가진 사람을 선택해야 합니다. 이기적이고 개인주의적인 사람은 하나님의 교회와 형제들에게 상처를 안겨 줄 수 있기 때문입니다. 그리고 영적으로 성숙한 사람이어야 합니다. 영적으로 성숙한 사람이 아니라면 그 회의의 목적을 인식하지 못할 뿐 아니라 회원이 아닌 사람들에게 말을 함부로 하여 오해와 벽을 쌓을 수도 있고, 미성숙한 사람들에게 상처를 주고 영혼을 실족시킬 수도 있습니다. 그러므로 말을 함부로 하는 사람 역시 회원으로 부적합합니다.

교회 내의 회의는 세상 사람들의 회의와는 분명 달라야 합니다. 교회 내의 회의는 자신이 손해 보고 주님의 뜻에 마음을 합하는 회의이기에 다툼도 갈등도 해결이 되어야 합니다. 결국 말씀으로 양육되고 항상 기도하며 성령의 인도하심을 받는 자는, 교회 내의 모든 회의를 소집하여 주관하는 회장이 주님이심을 알게 될 것입니다.

오래 전, 제자훈련으로 널리 알려진 목사님께서 자신의 교회는 많은 모임들이 회의의 형식을 갖추지 않았지만 하나님을 기쁘시게 해 드리는 일을 계속하고 있다는 말씀을 하였는데, 이는 형식적인 회의만을 고집하여 주님의 사역을 가로막는 자들이 귀담아 들어야 할 것입니다. 당신은 회의에 참석할 자격을 갖추었습니까?

19

자신을
학대 하십니까?

사람들의 내면 깊숙이 자리 잡고 있는 욕심 가운데 하나는 다른 사람들로부터 인정받고 싶어 하는 마음입니다. 이 마음을 사람을 죄를 범하게 만드는 가장 큰 이유 중의 하나로 사람들을 오랫동안 괴롭혀 왔습니다.

사울 왕을 죽음으로 몰아넣은 것도 바로 이 인정받고 싶은 심리로 자신과 가족을 비참하게 만들어 버렸습니다.

자신의 신하였던 다윗이 백성들로부터 인정받는 것을 눈뜨고볼 수 없었던 사울은 온갖 방법으로 다윗을 괴롭혔으나 오히려 자신을 학대하는 결과를 가져왔습니다.

오늘날 교회에서도 이런 이유 때문에 자신을 학대하는 사람들을 많이 볼 수 있습니다. 자신보다 늦게 교회에 나온 사람에게 직분과 봉사의 기회가 주어지는 것을 보면서 시기하고 미워합니다. 그리하여 자신에게 주어진 봉사의 기회조차 소홀히 하고 자신을 자학하는 사람들을 볼 수 있습니다. 이들은 여러 가지 핑계를 내세웁니다. 자신의 문제점이나 부족을 진정으로 인정하지 않고 책임과 이유를 상대방에게 전가시켜 자신이 속한 공동체(교회)를 피할 구실을 찾게 되고, 급기야 자신을 인정해 주는 공동체를 찾아 방황의 길을 떠나게 됩니다.

이는 인류 역사 이래로 인간을 괴롭히고 사람과의 갈등을 초래하게 한 가장 큰 이유 중의 하나입니다. 가인 역시 이런 마음 때문에 동생 아벨을 죽이고 끝없는 방황의 길로 떠나게 되었습니다.

하나님께서는 인정받고 싶어 하는 사람들을 찾지도 사용하시지도 않으십니다. 오직 자신에게 주어진 일에 대해 묵묵히 순종하는 사람들을 사용하십니다.

형이니까 좋은 자리에 앉고 대우를 받아야 한다면, 모세의 형 아론은 지독하게 멍청한 사람이었을 것입니다. 그러나 아론이 후세의 사람들에게 기억될 수 있었고, 하나님으로부터 쓰임을 받을 수 있었던 이유는, 인정받고 높아지고자 하는 마음을 이겼기 때문입니다. 아말렉과의 싸움에서 모세의 손을 들고 서있는 아론의 모습이야말로 하나님이 인정하시는 스타가 되기에 충분했을 것입니다.

교회에 먼저 나왔기에 나중 온 자의 직분을 인정하지 않고 높이 든 손을 잡아 끌어내리려는 교만이야말로 자신을 계속해서 후퇴시키고 신앙의 패배자로 만들고야 맙니다.

이러한 심리가 사탄에게 이용당해 만신창이가 되어 실패를 거듭하는 성도들을 보며 안타까워하신 예수님의 "나중 된 자로서 먼저 되고 먼저 된 자로서 나중 되리라(마 20:16)"는 말씀이야말로 승리의 삶을 살기 원하는 우리가 매일 적용해야 할 말씀입니다.

인정받고자 하는 마음은 자신을 학대하는 회초리임을 기억해야 할 것입니다.

20

자신을 아십니까?

소크라테스의 "너 자신을 알라"는 말처럼 깊은 의미를 던지는 말도 드물 것입니다. 모든 일의 잘못에 대해 남의 탓을 잘하는 우리가 귀담아들어야 할 말이 아닌가 생각해 봅니다.

사람들은 자신을 가장 잘 아는 사람이 분명 자신이라고 말합니다. 그러나 정작 자신을 잘 모르는 때가 많습니다. 하나님은 자신도 파악 못하는 인간들을 향해 말씀을 통해 깨닫게 해 주십니다. 말씀을 통해 깨닫지 못하는 사람들에게는 어떤 사건이나 인간관계를 통해서 깨닫도록 해 주시기도 합니다. 그러므로 자신을 잘 모르는 사람은 날카로운 가시를 품고 살아간다고 할 수 있습니다.

어떤 성도가, 오랜 신앙생활을 한 사람의 무관심과 생각 없이 내뱉는 말을 참지 못하여 교회를 옮겼습니다. 얼마 후 신앙의 연수가 더한 후에, 과거 자신이 상처받았던 사실을 잊어버리고 자신도 초신자에게 무관심하고 조심성 없는 말을 하여 다른 사람이 상처를 받고 교회를 옮기려는 사실을 보면서 안타까움을 금할 수가 없는 때가 많습니다. 자신이 남을 이해하지 못했듯이 자신도 역시 다른 사람으로부터 이해받지 못하고 있는 것입니다.

남을 미워한 사람은 자신이 미워한 것보다 더 많은 미움을 받습니다.

무례한 행동을 한 사람은 그 무례함이 자신을 파멸시킨다는 사실을 알게 될 것입니다.

남을 이해하지 못한 사람은 많은 사람들에게 오해를 받으며 오랜 시간 고통스러워해야 합니다.

남을 시기하면 시기를 받습니다. 남을 용서하지 않고는 다른 사람들로부터 용서를 받을 수 없습니다. 목회를 하면서 가장 힘든 사람이 자신을 모르는 사람들입니다. 이 글을 쓰는 나에게도 아직 모르는 부분이 있을 것이라는 두려움 때문에 더욱 조심스럽습니다.

인간의 모습을 너무도 잘 아시기에 "어찌하여 형제의 눈 속에 있는 티는 보고 네 눈 속에 있는 티는 보고 네 눈 속에 있는 들보는 깨닫지 못하느냐"(마 7:3)고 하신 예수님의 말씀이야말로 깊이 생각하고 우리의 삶 속에 적용해야 할 인간이 도리인 것입니다.

사람들은 언젠가 자신이 뿌린 씨앗을 거두게 됩니다. 씨앗을 뿌릴 때는 하나에 불과하지만 그 열매는 대단히 많다는 사실을 기억해야 합니다. 뿌린 씨앗이 적다고 방심하지 마십시오. 하나의 아카시아 씨앗이 얼마 후 당신의 집을 송두리째 가시로 뒤덮을 수 있기 때문입니다.

"이미 도끼가 나무뿌리에 놓였으니 좋은 열매 맺지 아니하는 나무마다 찍어 불에 던지 우리라"(마 3:10)

21

사람 앞에서

신앙생활을 하십니까?

신학교에 다니면서 가장 마음속 깊이 와 닿은 것은 "코람데오"
라는 말입니다. "하나님 앞에서"라는 뜻입니다. 사람 앞에서 살아
가기에 하나님을 의식하지 않고 살아가기 쉬운 그리스도인들이
마음속 깊이 간직해야 할 단어일 것입니다.

사람 앞에 살아가다 보면 거짓과 위선, 과장을 할 수 있습니다.
사람들은 껍데기를 보고 판단하기 때문입니다.

그러나 곧 후회하고 맙니다. 껍데기의 화려함이 반드시 내용을
대변하지 않기 때문입니다. 오히려 화려한 만큼 속이 비어 있는
경우가 더 많기에 화려한 껍데기를 경계하는 것입니다.

하나님의 사역을 방해하는 사람들, 그들은 껍데기를 자랑합니

다. 예수님께서 바리새인과 제사장들을 미워하신 이유가 바로 껍데기만을 자랑하는 것을 아셨기 때문입니다.

화려한 껍데기는 혼자만으로 끝나지 않습니다. 다른 이로 하여금 모방하도록 만들기에 더욱 위험한 것입니다.

어느 성도들의 대화 내용입니다.

"요즘은 매우 피곤합니다."

"힘든 일이라도 하고 계시는 모양이지요?"

"장로 투표가 있기에 새벽기도에 신경을 썼더니 그런 모양입니다"

"아니 집사님! 새벽기도는 평소에 나가야 되는 것 아닌가요?" 참으로 안타까운 모습입니다. 하나님 앞에서 성실하게 행하는 것보다 일시적으로 사람 앞에 잘 보여 장로가 되겠다는 그 마음이야말로 하나님을 우롱하는 처사가 아닙니까?

장로 투표에서 계속해서 떨어진 정집사는 공공연히 이번에 떨어지면 창피해서라도 다른 교회로 옮겨야겠다고 떠들고 다녔고, 마음 약한 교인들은 정집사를 찍어 주어 장로가 되었다고 합니다. 하나님의 뜻과 무관한 직분자들이 생길 때마다 사탄은 좋아라고 박수를 칠 것이고 하나님의 사역은 방해를 받을 수밖에 없는 것입니다.

연말이 되면 직분자 임명 때문에 목사는 고민을 하게 됩니다. 일 년 동안 서리 집사의 일을 충실하게 한 사람은 아무런 문제가 되지 않지만 집사로서의 일을 하지 못한 사람들 때문입니다. 집사 임명에서 빠지면 자신의 문제점을 살피기보다는 목사에게 미움을 사 찍혔다는 등 하면서 감정적으로 나오는 사람들이 많습니다. 어떤 사람들은 이렇게 대접을 받을 바에야 차라리 대접해 주는 교회로 옮기는 것이 낫다고 생각하여 다른 교회로 옮겨가는 사람들도 있습니다.

목사를 고민에 빠뜨리는 또 다른 종류의 사람들이 있습니다. 일 년 동안 문제만 일으키다가 직분 임명이 가까워지면 잘하는 사람들이 있습니다. 그들은 새해가 다가오니 새 마음으로 잘 하겠다는 것입니다. 매년 이런 식으로 하나님을 우롱하는 사람들도 있습니다.

그런데 신앙의 성숙이 덜 된 사람일수록 직분에 대한 욕심이 많고, 권리 주장을 잘 합니다. 하나님은 우리의 중심을 보십니다. 사람들 앞에서는 위장할 수 있지만 하나님은 아십니다. 그 시간이 오면 하나님께서는 우리의 껍데기를 벗기실 것입니다. 껍데기 속에서 흘러나오는 썩은 물을 보시면서 하나님의 직분을 자신의 마음을 맞추는 노리개로 사용한데 대해 분노하실 것입니다.

"나 여호와는 중심을 보느니라" (삼상 16:7)

22

질서를
지킵니까?

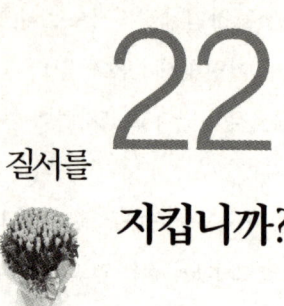

하나님은 질서의 하나님이십니다. 하나님께서 만드신 창조물이 질서 정연한 사실을 통해서 잘 알 수 있습니다. 질서가 무너진 곳에서는 하나님의 뜻을 찾아 볼 수가 없습니다. 질서가 무너진 곳은 이미 싸움으로 엉망진창이 되어 성령의 인도하심을 받을 수 없기 때문입니다.

하나님의 질서를 무너뜨리는 자는 결코 용납 받을 수 없습니다. 어떤 때는 일시적으로 용납하시기도 하지만 결코 오래가지는 않습니다.

오늘날 여러 부분에서 질서가 무너지고 있습니다. 가장 기본적인 윤리가 무너지고 있는 것입니다. 혼탁한 세대를 살아도 크리스천들은 변함이 없어야 함에도 오늘날은 그렇지 못한 것 같습니다.

가정의 윤리가 무너지고 있습니다. 가정의 윤리가 무너지는 것은 윤리가 뿌리째 흔들리는 이유가 됩니다. 모든 교육이 인간의 욕심과 연결되어 있습니다. 공부하는 이유가 단지 욕심을 채우는 수단이라면 이는 참으로 염려스러운 일이 아닐 수 없습니다. 공부의 목적이 남보다 높아져야 하고 많이 소유하기 위함이고, 좋은 배우자를 선택하기 위함이라면 하나님께서 가장 중요하게 보시는 선과 악의 개념은 사라지고 말 것입니다.

고난의 사람으로 유명한 욥에게서 배울 수 있는 것 중의 하나가 자녀 교육입니다. 그는 자녀의 범죄를 두려워하여 자녀의 숫자대로 번제를 드렸습니다(욥 1:5). 욥의 교육의 초점은 죄에 대한 두려움과 회개였습니다. 하나님의 뜻을 중심으로 한 교육이었습니다. 오늘날의 잘못된 자녀 교육이 사회와 국가를 병들게 하고, 하나님의 질서를 무너뜨립니다.

교회는 어떻습니까? 많은 교인들은 복을 받는 일에 거의 모든 관심을 기울입니다. 자신의 이익과 이해관계에 민감합니다. 하나님의 뜻은 언제나 뒷전으로 밀어내면서, 입으로는 하나님 제일주의를 서슴없이 외칩니다.

오늘날 수많은 교회가 싸움에 휩싸여 있습니다. 교회의 질서가 무너집니다. 세상 사람들의 조롱거리가 되기에 충분한 일들이 너무나 많이 일어나고 있습니다. 참으로 안타깝고 부끄러운 일입니다. 목사와 장로와의 싸움, 직분자들끼리의 다툼, 초신자들끼리의 다툼…이것은 하나님의 뜻이 아닙니다.

하나님은 하나님의 뜻을 어기는 사람들을 결코 용납하지 않으셨습니다. 이스라엘의 초대 왕이었던 사울 왕의 말로를 보십시오. 사울 왕의 비리와 부당함을 알고도 다윗은 칼을 들지 않았습니다. 자녀의 교육을 잘못시킨 엘리 제사장의 말로 역시 비참합니다. 하나님께서는 그의 사랑하는 백성이 나쁜 지도자들 밑에서 잘못되어 가는 것을 원하시지 않기에 반드시 간섭하십니다. 그러나 그 일로 인해서 하나님의 영광이 손상되는 것을 원하시지 않습니다. 오늘날 많은 교인들은 정의를 행한다고 하면서 하나님의 영광이 손상되는 일을 하는 것이, 얼마나 심각한 범죄인지를 인식하지 못하고 있습니다.

다윗이 사울을 향해서 칼을 뽑지 않은 이유가 있습니다. 바로 하나님의 권한을 침해함으로 하나님의 질서를 문란케 하는 자가 되고 싶지 않았기 때문입니다.

하나님은 자신이 세우신 질서가 문란해지는 것을 원하지 않으십니다. 질서의 파괴는 바로 하나님께서 세우신 공동체의 파괴를 의미하기 때문입니다. 그러므로 하나님께서는 정부 지도자에 대한 순종(벧전 2:13)과, 직장 상사에 대한 자세(벧전 2:18)와 남편에 대한 아내의 순종 자세, 그리고 교회 지도자들에 대해 순복할 것을 베드로전서 5:5에서 말씀하고 있는 것입니다.

당신은 질서를 지킵니까?

23

얼마나

기다릴 수 있습니까?

얼마나 기다릴 수 있습니까? 사람들은 조급합니다. 특히 한국 사람들은 다른 민족보다 조급한 것 같습니다. 단번에 결판이 나면 기분은 좋을는지 모르나 그 결과는 대부분 좋지 못합니다. 기다릴 줄 아는 사람을 하나님께서 선택하신 이유를 생각해 보셨습니까?

하나님께서 주신 시간 속에 살고 있는 우리가 알아야 할 진리는 하나님의 시간 속에서 사건이 전개된다는 사실입니다. 우리는 시간을 내 것처럼 생각합니다. 그래서 억지로 타이밍까지도 내가 정할 수 있을 것이라고 생각하며 삽니다. 시간은 내 것이 아닙니다.

"주님의 시간에 그의 뜻 이뤄지리 기다려. 하루하루 살 동안 주님 인도하시니 주 뜻 이룰 때까지 기다려.

기다려 그때를 그의 뜻 이뤄지리 기다려."

즐겨 부르는 찬송의 내용입니다.

아무리 발버둥 쳐도 이루어 주시는 분은 하나님이십니다.

하나님께서 이루어 주시면 아름답고 완벽합니다. 그러나 사람의 생각 속에서 나온 시간을 이용하여 만들면 미완성품, 불량품이 나올 수밖에 없습니다.

기다림의 도를 알고 순종하며 기다렸던 사람과, 조급하게 일을 시작한 사람과의 결과는 언제나 정반대였습니다.

아브라함은 기다림의 도를 실천하지 못했습니다. 하나님께서 자손의 축복을 약속하셨으면 기다려야 했습니다. 그러나 아브라함은 기다림의 시간이 지루했습니다. 그래서 자신의 생각대로 여종 하갈과 동침하여 이스마엘을 낳았습니다.

그 이후 하나님께서는 하나님의 시간에 이삭을 주셨습니다. 기다리지 못하고 마음대로 낳은 아들 이스마엘과 이삭이 조화를 이룰 수 없는 것은 너무도 당연했고, 그 결과는 모두에게 고통의 연속이었습니다.

이스마엘의 후손들과 이삭의 후손들과의 싸움은 끝없이 계속되고 있습니다. 이스마엘의 후손 중에 이슬람교의 교조 마호멧이 태어났고, 오늘도 세계 인구의 6분의 1인 9억의 무슬림은 칼과 코

란을 들고 예수 그리스도의 신성과 십자가의 사건과 부활을 부인하며 하나님의 진리를 거부하고 그들이 계획한 일들의 성취를 위해 달려가고 있는 것입니다.

이와는 반대로 기다릴 줄 알았던 사람들은 아름다움과 기쁨의 시간들을 소유했습니다. 모세는 묵묵하게 광야에서 40년을 기다렸습니다.

하나님께서는 모세를 이스라엘의 지도자로 삼으셨습니다. 40년 동안의 광야 생활은 너무나 지루했을 것입니다. 변화 없는 생활의 연속이었고, 무더운 사막의 열풍은 그를 질식시키기에 충분했을 것입니다. 그러나 그는 오직 그에게 맡겨진 양을 치는 일에 충실했습니다.

우리 앞에는 잔잔한 바다만이 펼쳐지지 않습니다. 태풍이 몰려올 수도 있습니다. 그러나 기다려야 합니다. 주어진 일에 최선을 다하며 기다려야 합니다. 얼마 후 하나님께서는 아름다운 것들을 준비하시고 정하신 시간에 일을 시작하실 것입니다. "내가 여호와를 기다리고 기다렸더니 귀를 기울이사 나의 부르짖음을 들으셨도다"(시 40:1)

무엇을

24

뿌렸습니까?

씨 뿌리는 농부는 추수에 대한 기대감을 가지고 일을 합니다. 결실에 대한 기대는 피곤을 이기게 합니다. 결실의 시간이야말로 농부에게 최고의 시간입니다.

오래 전 태풍으로 농사가 거의 망쳐진 것을 보고 자살한 농부의 이야기가 신문에 난 것을 본적이 있습니다. 이처럼 농부는 씨를 뿌리고 결실을 기대합니다.

하나님께서도 농부의 심정으로 나뭇가지인 우리를 바라보십니다. 어떤 열매를 맺을 것인가에 관심을 가지고 주시하고 계십니다.

씨를 뿌린 자는 반드시 결실을 합니다. 그 뿌린 것보다 몇 배나 많은 열매를 수확합니다. 어떤 이들은 30배, 60배, 100배의 결실을 맺습니다.

수확의 법칙 중의 하나는 뿌린 대로 거둔다는 것입니다. 콩을 심으면 콩을 얻고, 팥을 심으면 팥을 얻습니다. 그런데 어떤 이들은 심은 것보다 더 좋은 것을 기대합니다. 이는 참으로 우습고도 안타까운 일이 아닐 수 없습니다.

하나님께서는 누구에게든지 이 법칙을 적용시킵니다. 큰 자나 작은 자, 어떤 사람이든지 뿌린 대로 거두는 법칙에서 예외가 될 수 없습니다.

하나님의 사랑을 받은 다윗도 이 법칙으로부터 벗어날 수가 없었습니다. 밧세바를 간음하여 아내로 삼고 그녀의 남편 우리아를 죽인 죄의 씨앗이 얼마 후에 그에게 돌아왔습니다. 죄의 결과로 낳은 아이가 죽었습니다(삼하 12:18). 그리고 자녀들 간의 간음 사건이 생겼습니다. 아들 암논이 이복 여동생 다말을 강간하였고 다말의 친 오빠 압살롬이 원한을 품고 암논을 살해합니다(삼하 13장). 다윗이 뿌린 씨앗은 여기에서 끝나지 않고 계속해서 악의 열매를 맺습니다. 다윗의 제 3자인 압살롬이 부왕인 다윗의 후궁들을 간통하고(삼하 16:22), 이어서 제 4자인 아도니야의 반역이 그를 기다리고 있었습니다.

이처럼 하나님의 법칙은 모든 사람에게 적용되기에 더욱 나 자신을 살피는 조심스러운 삶을 살아야 합니다. 그 열매가 언제 어디에서 맺힐는지 모르기 때문입니다. 내가 가장 사랑하는 것들이 그 열매로 사라져 갈 수도 있습니다. 나 자신은 남에게 무례하게 하면서 남으로부터 대접을 받으려고 생각한다면 하나님의 법칙을 몰라도 너무 모르는 사람이 아닐 수 없습니다.

남의 눈에서 피눈물을 빼면 내 눈에서는 그보다 더한 것이 쏟아져 나오는 법입니다. 어떻게 보면 이러한 법칙이 참으로 냉혹하게 보일는지 모릅니다. 그러나 이 법칙이 없다면 사람들은 깨닫지도 못할 뿐 아니라 뉘우침이 없는 추악한 모습이 될 수밖에 없을 것입니다. 자신은 심지도 않고 남이 심고 뿌린 것을 거두려는 자들을 주님은 싫어하십니다(마 25:26).

현재 당신의 상황을 한탄하십니까? 현재 좋지 못한 인간관계를 누구에게 돌리지 마십시오. 바로 당신이 뿌린 씨앗이 현실의 열매로 나타난 것 뿐입니다. 아직도 그 사실을 깨닫지 못하고 남을 원망하고 소속된 교회나 공동체를 원망하십니까? 그러면 깨달을 때까지 계속해서 당신이 뿌린 씨앗의 열매를 더욱 확실히 보게될 것입니다.

남을 섬기고 봉사하며 주기를 좋아하는 사람이 남으로부터 받을 수 있는 것입니다. 남에게 준 것도 없으면서 남이 주지 않는다고, 다른 사람에게 사랑이 없다고 말할 수는 없습니다. "사람이 무엇으로 심든지 그대로 거두리라"(갈 6:7)

25

감사

생활을 하십니까?

평소에 잊고 사는 것이 있다면 바로 감사라고 말할 수 있을 것입니다.

사람들의 심리 가운데 잘못된 것이 감사에 대한 망각 증세입니다. 열 번 잘해 주다가 한 번 잘못하면 그 한번을 마음속 깊숙이 넣어 두고 열 번의 감사를 잊어버리는 것이 사람입니다.

사람이 영적으로 성숙하지 못하면 사랑받는 것이 지극히 당연한 것이라고 생각할 수 있기에 근본적인 변화가 필요합니다. 이는 어린 자녀들이 부모의 사랑을 아무리 많이 받아도 그 사랑에 대한 감사의 마음이 깊지 못한 것과 같습니다.

저희 대광교회에서는 순모임이란 이름으로 소그룹 성경공부를 하고 있습니다. 그런데 이 순모임의 장애가 바로 아기들입니다. 갓 태어난 아기에서부터 유치원에 들어가기 전까지의 유아들은 성경공부에 방해가 될 수밖에 없습니다. 그래서 이 아기들을 아기 섬기미들이 돌봐 줍니다. 아기 보는 일처럼 힘든 일도 없을 것입니다. 고집 센 아기를 맡은 분은 우는 아기를 두서너 시간 보고 나면 기진맥진할 수밖에 없습니다. 그런데 공부를 마치고 나서 감사를 연발하는 엄마가 있는가 하면, 자기 아기를 혹시 잘못 보지는 않았는지에만 관심을 갖고 별로 감사의 기색이 없는 사람도 있습니다. 더욱이 놀라운 것은 아기가 운다든지 보채는 모습을 보면 이성을 잃고 아기를 잘 보지 뭐했느냐고 원망하는 사람도 있습니다. 아기를 본 사람으로서는 기가 막힐 노릇이지만 그 사람의 신앙의 성숙을 기대하며 참는다고 합니다.

감사를 잃어버린 사람처럼 추하게 보이는 사람도 없습니다. 감사는 하나님의 은혜를 간직한 사람들의 축복의 광주리라고 말할 수 있습니다. 감사하는 사람들이 계속해서 감사의 제목들을 소유할 수 있기 때문입니다.

감사가 감사를 낳는다는 사실을 깊이 인식하는 사람이 인생을 즐겁게 살 수 있는 것입니다.

출애굽기 34:22-24에 보면 밀의 첫 수확한 것을 거두어 맥추 감사절을 지키면, 이방 민족을 쫓아내고 영토를 넓혀 주시겠다고 약속하셨음을 알 수 있습니다.

이처럼, 감사의 결과 감사의 조건들이 더 생기게 되는데, 이는 하나님께서 감사를 좋아하시고 감사하는 자에게 더 좋은 것으로 주시기 때문입니다. 열 문둥병자를 예수님께서 고쳐 주셨을 때, 그중 한 사람만 돌아와서 감사하였습니다. 감사한 사람은 문둥병뿐 아니라 구원까지 받는 축복을 받게 됩니다. 주님께서는 이렇게 감사하는 자를 좋아하십니다.

하나님께서 주신 모든 것, 고난까지도 감사해야 합니다. 이는 하나님께서 자녀인 우리에게 항상 좋은 것을 주시기 때문입니다.

이 사실을 안 사도 바울이 "우리가 알거니와 하나님을 사랑하는 자 곧 그 뜻대로 부르심을 입은 자들에게는 모든 것이 합력하여 선을 이루느니라"고 말씀했습니다(롬 8:28). 아름다운 신앙을 가졌던 신앙의 선배들은 어떤 상황에서도 감사하며 살았습니다. 바울은 매 맞고 감옥에 감금된 중에 기도하고 찬송했더니 옥문이 열렸습니다.

이처럼 역경 중에서도 감사하는 것이 그리스도인의 자세입니다. 이는 모든 일을 감사하라는 데살로니가전서 5:18을 통해 확실히 알 수가 있습니다.

범사에 감사하라는 것이 주님의 뜻이기에, 감사하지 않는 것은 사탄의 뜻일 수밖에 없습니다. 불평과 원망은 사탄의 영성입니다. 그러므로 불평과 원망을 일삼았던 이스라엘 백성들은 광야에서 하나님의 진노로 죽음을 당하였습니다.

신앙의 사람으로 유명한 다윗에게 나타나는 두드러진 특징이 바로 감사입니다. 자신의 태어남을 생각하고 감사한(시 139:14) 다윗은 그의 생애의 모든 사건을 그냥 넘기지 않고 감사로 가득 채웠습니다(대상 29:10-14; 시 138편).

주님의 뜻대로 감사하는 자에게 사탄은 접근할 수 없습니다. 불평과 원망이 사탄이 자리 잡을 수 있는 더러움이라면, 감사는 주님께서 거하실 깨끗함이기 때문입니다.

26

당신은

성숙 합니까?

어린아이들이 있는 집은 언제나 조용한 날이 없습니다. 매일 싸우고 웁니다. 아무리 착한 성품을 부모로부터 물려받았다고 해도 어린아이들이기에 어쩔 수 없는 것입니다. 장성하기까지 기다릴 수밖에 없습니다.

어린아이들이 모이면 싸움을 그치지 않듯이 영적인 어린아이들이 모인 교회 역시 싸움이 그치지 않습니다. 어릴 때부터 교회에 다니면서 이상하게 여긴 것이 바로 교인들이 싸움하는 것을 볼 때였습니다. 집사나 장로들이 싸우는 것을 보기도 했고, 목사와 장로의 싸움을 보기도 했습니다. 참으로 안타까운 일이었습니다.

어떤 글에서 현대 교회는 어린아이들이 모여서 어른 노릇을 하고 있기에 싸움이 그치지 않는다고 기록한 것을 보았습니다. 그렇습니다. 어린아이들이 모인 교회에서 싸움이 없다면 이는 오히려 이상한 현상이라고 말할 수 있을 것입니다.

어린아이들은 분별력이 없습니다. 오직 자신의 욕심에만 급급하여 억지를 써서라도 자기 마음대로 하려고 하기에, 상대방의 마음이나 주님의 마음에는 아랑곳하지 않는 때가 많습니다. 조금이라도 관심을 얻지 못하면 토라지고 노여워합니다. 그래서 영적 어린아이들이 많은 교회는 바람 잘 날이 없습니다.

풍랑을 피할 수 있는 방법이 있습니다. 무조건 잘 해 주는 것입니다. 그들의 입맛에 맞는 사탕을 계속 주는 것입니다. 이가 썩어서 이를 뽑아낼 때까지 말입니다.

그러나 이 방법도 근본적인 해결책이 아닙니다. 매일 맛있는 사탕을 주어도 짜증을 내며 더 맛있는 것을 요구하기 때문입니다. 감사하는 마음을 찾아 볼 수 없습니다. 언제 권태감이 생겨 난리를 피울는지 모릅니다.

만약 이렇게 어린아이들 같은 성도들이 많이 모인 교회에서 직분자를 선출하기 위해 선거를 한다면 그 선거는 단지 인기투표가 될 수밖에 없을 것입니다. 선출된 장로나 장립 집사, 또는 권사들은 영적으로 전혀 장성하지 않은 상태에서 이름만 붙혀진 것에 불과할 것이기에 주님의 일꾼이 되지 못할 뿐 아니라, 오히려 하나님의 일을 망치고 다닐 수밖에 없습니다.

그러므로 우리는 싸움 잘 하는 직분자들을 보면서 그들이 영적으로 장성해지기를 기도하며 간구해야 할 것입니다.

영적으로 성장시킬 의무가 목회자에게 있는 반면에, 그 지도에 따라 줄 의무는 성도들에게 있습니다(렘 3:15). 하나님의 말씀인 영의 양식으로 성장해야 합니다. 다른 어떤 세상적인 방법으로는 안 됩니다. 일시적인 미봉책에 불과할 것입니다. 이 사실을 알았던 사도 바울은 하나님의 말씀을 가르치는 데 온 힘을 기울였습니다. 두란노에서 2년 동안 날마다 말씀을 가르쳤습니다(행 19:9-10).

오늘날 교인들은 공부하는 것을 싫어합니다. 그러나 성경공부를 싫어하면 절대로 성숙할 수 없습니다. 식욕이 없는 사람이 건강해질 수 없는 것과 같습니다. 주님은 당신이 성숙하기를 원하십니다(엡 4:15; 벧후 3:18). 형제여! 빨리 성숙하십시오.

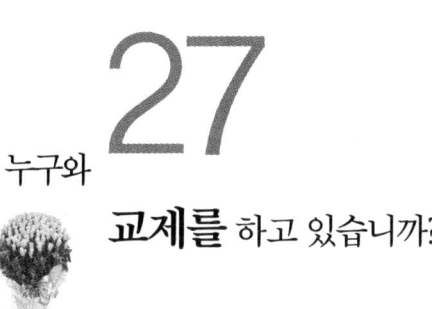

누구와 27 교제를 하고 있습니까?

우리가 한평생 만나서 교제하는 사람의 숫자는 대단히 많습니다.

어떤 통계에 보니 대체로 한 사람이 알고 지내는 수는 250명 정도라고 합니다. 250명 중에서 친한 사람은 한 명에서 열 명 정도에 불과합니다.

사람은 누구를 만나 어떤 교제를 하느냐에 따라 일생의 진로가 결정될 수 있습니다. 좋은 친구는 위로와 도움을 주고 용기를 줍니다.

친구의 중요성에 대한 속담과 가르침이 많이 있는 것은 친구가 얼마나 중요한가를 알려 주는 단적인 예라고 말할 수 있습니다.

독일 속담에 "친구를 갖지 못한 사람은 일생을 반밖에 살지 못한 셈이다"라는 말이 있듯이 친구야말로 삶의 범위를 넓혀 줍니다.

그러나 친구를 잘못 선택했을 때는 차라리 없는 것이 유익하다는 사실을 알아야 합니다. 미국의 초대 대통령인 워싱톤은 "만약 그대가 명성과 신용을 중요하게 여긴다면 선량한 사람과 사귈 것이다. 나쁜 친구들 사이에 끼이는 것보다 차라리 고독을 지키라"고 말했습니다.

잘못된 친구야말로 인생을 망치는 결정적인 이유가 됩니다. 특히 성도들의 교제는 영혼의 부딪힘이기에 성경 말씀 안에서 교제를 해야 영혼의 손상을 당하지 않습니다. 육적으로는 유익한 친구가 영적으로는 큰 손해를 줄 수 있습니다. 물질적인 도움을 주는 친구라고 해서 영적으로도 도움을 주는 것이 아니라, 그 물질로 인해 오히려 주님과의 관계를 훼방할 수 있습니다. 그러므로 그리스도인들이 교제할 때 중요하게 보아야 하는 것은 교제할 대상이 정말 주님을 사랑하는가를 확인하는 일입니다.

교제 가운데 중요한 것은 대화입니다. 사탄은 사람들의 대화 속에서 수많은 장난을 칩니다. 사탄의 최고 목적은 하나님과의 관계를 끊는 것입니다. 그러므로 하나님을 사랑하는 사람들이나 직분자들의 흠집을 들추어내어 오해와 미움이 생기도록 하여 하나님의 사람들도 별수 없다는 불신감을 가져다주고, 주님의 명령인 사랑하라는 말씀에 정면으로 도전하는 강퍅한 마음을 주어 사람들 사이에 벽을 만듭니다.

사람들은 자신에게만 잘해 주면 좋은 사람이라고 생각하지만 이것은 대단히 위험한 생각입니다. 사람 좋은 것과 믿음 좋은 것을 구별하지 못한다면 신앙에 손해를 입을 수밖에 없습니다.

그러므로 믿음의 친구를 선택하는 눈을 가지는 것은 참으로 큰 축복이라고 말할 수 있을 것입니다. 에베소서 5:18-28을 보면 큰 도움이 될 것입니다.

성령 충만한 자들의 특징인데 첫째, 진정한 기쁨의 찬송이 있는 자, 둘째, 감사가 넘치는 자, 셋째, 인간관계에서 복종하는 자세를 가진 자, 이상의 모습을 갖춘 자는 분명 하나님을 경외하는 자로 좋은 친구가 될 수 있을 것입니다.

매우 경건한 여주인의 기도를 날마다 듣고 있던 그 집의 영리한 앵무새가 "오! 주여 우리를 불쌍히 여기소서. 우리는 불쌍한 죄인 이로소이다"라고 말함으로 그 집을 방문했던 사람들을 놀라게 했다고 합니다. 앵무새의 영리함에 매력을 느낀 한 부인이 앵무새에게 좋은 버릇을 들여 주겠다고 말하면서 수주일 간을 빌려 갔다가 데리고 왔습니다. 집으로 돌아 온 앵무새는 늘 하던 기도를 잊어버렸을 뿐 아니라 욕지거리를 쉴 사이 없이 지껄였다고 합니다. 이처럼 당신의 말과 행동을 봄으로 당신이 교제하는 친구의 수준을 알 수 있습니다.

당신은 누구와 교제하고 있습니까?

28

한 사람을

미워 하십니까?

인간 관계는 살아가는 데 참으로 중요합니다. 인간 관계를 잘못
하면 모든 일들이 헝클어지기 때문입니다. 교회 내에서 인간 관
계가 엉망인 사람들을 보면 단 한 명 때문에 비롯된 경우가 대부
분입니다. 처음에는 단 한 사람을 용납하지 못하고 미워한 것이
나중에는 모든 사람을 미워하는 계기가 되는 경우를 자주 볼 수
있습니다.

아버지의 외도를 미워한 딸이 나중에는 모든 남자들을 미워할
수 있듯이 사람들에게 찾아오는 위기는 한 사람 때문에 찾아오는
경우가 대부분입니다.

어떤 여성도는 어느 한 집사를 미워하기 시작했는데 그 미움이

점차 확산되어 다른 집사와 급기야는 목사까지 미워하게 되었고, 나중에는 교인들과의 만남이 두려워졌고, 신앙 좋은 남편까지 꼴보기 싫어지더라는 것입니다.

사람을 가장 추하게 파괴시킬 수 있는 것이 바로 미움입니다. 미워하는 마음을 가진 사람은 추하게 변합니다. 얼굴에서 기쁨과 평안함을 도무지 찾아 볼 수 없습니다.

사람들은 한 사람 정도 미워하는 것을 대수롭지 않게 여기는 경우가 많은데 그 누구라도 미워한다는 것은 자신을 비참한 상태로 끌고 가는 시초가 됨을 알아야 합니다. 한 사람을 미워한 사람이 모든 사람을 미워하는 데 걸리는 시간은 얼마 되지 않습니다. 특히 무서운 범죄인 살인도 미움에서부터 시작 된다는 사실을 알아야 합니다.

그러므로 미움처럼 삶의 리듬을 깨뜨리는 것도 드뭅니다. 세상에서의 지옥을 맛보는 것이 바로 미움입니다.

미움으로 얼룩진 얼굴은 어떤 화장술도 효과가 없습니다.

미움은 자신을 죽이는 최고의 독약입니다.

미움은 사탄이 그린 최고의 걸작품입니다.

사람을 미워하는 사람은 하나님을 결코 사랑할 수 없습니다. 결국 미움은 사람에게서도 외면을 당할 뿐 아니라 하나님으로부터 외면을 당합니다.

그 어떤 사람도 미움의 응어리를 가진 사람을 남편이나 아내로 맞이하고 싶은 마음은 없을 것입니다. 왜입니까? 미움처럼 온갖 병을 짊어지고 다니는 것도 드물기 때문입니다. 미워하는 사람은 고혈압, 심장병, 위궤양 등 온갖 질병을 가진다고 합니다.

예수님께서 말씀하신 사랑의 계명이야말로 이 세상의 온갖 병을 치료하는 방법임을 가르쳐 주신 것이라고 할 수 있습니다.

미워하며 사는 것은 괴롭습니다. 그래서 잠언기자는 이렇게 고백했습니다.

"채소를 먹으며 서로 사랑하는 것이 살진 소를 먹으며 서로 미워하는 것보다 나으니라"(잠 15:17)

어떤 이유에서든 미워하는 사람은 타락한 사람이라고 말한 워싱톤의 말은 미움을 대수롭지 않게 생각하는 사람들에게 주는 경종이 아닌가 생각해 봅니다.

사랑하기에도 시간이 부족합니다. 우리는 미워 할 자격이 없습니다. 하나님께서 죄인인 우리를 무조건 사랑하시기 때문입니다.

교회의 29 주인은 누구입니까?

교회의 주인은 누구입니까? 너무 기초적인 질문이라 우스울지 모릅니다. 그러나 더 우스운 것은 기초적인 것도 모르는 평신도와 심지어는 지도자들이 있다는 사실입니다.

물론 교회의 주인은 예수님이라고 말씀하실 것입니다. 그렇다면 교회는 예수님의 뜻대로 움직여져야 합니다. 그런데 어떻습니까? 각자의 주장과 욕심을 내세우는 사람이 얼마나 많습니까? 우리는 먼저 그 사실을 교회 내의 여러 회의를 통해 살펴 볼 수 있습니다.

교회에는 당회와 제직회를 비롯해서 여러 회의가 있습니다. 심지어는 중학생과 고등학생까지도 회의를 합니다. 그런데 이 회의를 통해 주님의 뜻을 알고 그 뜻에 순종하기로 결심하여 마음이 하나 된 상태에서 새로운 일을 시작해야 함에도 오히려 자신의 주장만을 내세우다가 격한 감정으로 다툼이 일어나는 것을 종종 볼 수 있습니다.

성경에서 주님과 우리와의 관계를 주인과 종의 관계로 비유하고 있습니다. 종은 자신의 욕심과 주장을 내세울 수 없습니다. 오직 주인의 명령에 순종하고 뜻에 따라 섬길 뿐입니다. 교회 내에서 여러 의견이 존재한다는 것은 종의 역할을 하지 못하고 있다는 증거입니다.

종은 주인에게 무조건 복종할 자세가 되어 있어야 합니다. 교회의 주인은 목사가 아닙니다. 장로도 아닙니다. 교인들도 아닙니다. 모두들 종일뿐입니다. 그런데 종들이 주인 행세를 하고 있으니 큰 문제입니다. 이런 교회는 항상 시끄럽습니다.

각자 맡은 일에 충성을 다하면 그것으로 된 것입니다. 주인과 감독자가 너무 많기에 참견도 많이 하고 비판도 잘합니다. 종의 의식이 없는 교회일수록 자칭 최고로 잘난 사람이 많습니다. 이런 사람에게는 목회자가 필요 없습니다. 자기가 모든 것을 할 수 있기 때문입니다.

종의 의식이 없는 사람들은 조금 일을 해 놓고도 대단한 일을 한 것처럼 과시를 합니다. 그리고 그 일한 대가가 부족하다고 불평과 원망을 합니다. 또한 하찮은 일에는 관심이 없습니다. 많은 사람 앞에서 인정받을 수 있는 거창한 일에만 관심이 있습니다. 다시 말해서 스타의식을 가지고 있습니다. 어쩌면 현대 교회는 주인은 많고 종이 적은 이상한 교회가 되고 있는지도 모릅니다.

일하는 사람은 조용합니다. 오직 그 일을 위해….

그러나 구경꾼들은 말이 많습니다. 일은 하지 않으면서 온몸에 땀을 흘리며 일하는 사람들을 보고 이야기거리를 만듭니다.

예수님을 정말로 만난 사람들은 말이 없습니다. 눈만 보아도 주님을 향한 마음을 서로 읽을 수 있습니다. 어떤 문제가 생겨도 마음이 하나가 됩니다. 자신의 욕심이나 주장을 죽입니다. 나 자신이 힘들고 손해 보는 일이라도 주님의 뜻이라면 그저 예!라고 말할 뿐입니다.

그래서 말 많은 성도들에게 묻고 싶습니다. 주인이 되어 대접받고 싶은 성도들에게 묻고 싶습니다. 정말 거듭났습니까? 거듭났다면 정말 주님을 사랑하십니까? 정말 주님을 사랑하면 그분의 뜻 앞에 말이 없어야 합니다.

종들이 시끄럽게 떠들고 말을 많이 하면 정작 주인 되시는 예수님의 음성은 들을 수가 없습니다. 그러므로 예수님께서 원하시는 일을 할 수가 없습니다. 그저 자신의 욕심을 위해 싸우다가 시간을 낭비할 뿐입니다.

정말 주님을 사랑한다면 어떤 일이라도 주님과 의논하십시오. 나 자신의 욕심과 대치될 때 주님의 뜻을 따르기로 결심한다면 주님께서는 당신의 손해의 몇 배를 채워 주실 것입니다. 당신은 종입니까? "이와 같이 너희도 명령받은 것을 다 행한 후에 이르기를 우리는 무익한 종이라 우리의 하여야 할 일을 한 것뿐이라 할지니라"(눅 17:10)

30

당신은

성령 충만 하십니까?

하나님께서 사용하신 사람들은 한결같이 성령 충만한 사람들이었습니다.

그리고 성령 충만을 위해 기도와 말씀을 대하는 경건의 시간을 가진 사람들이었습니다. 성령의 인도하심을 전적으로 받는 사람들을 두고 성령 충만한 사람이라고 말할 수 있습니다. 교회의 부흥이 일어났던 영적 성숙의 시기에는 성령 충만한 사람들이 활동했으며, 그 숫자도 많았습니다.

하나님은 성령 충만한 사람들을 통해서 일하셨습니다. 미국의 부흥사 찰스 피니와 무디, 영국의 요한 웨슬리 등이 그 대표적인 예라고 할 수 있습니다. 그들은 성령 충만을 위해 하나님께 간절히 간구하여 성령 충만함을 얻은 사람으로, 설교할 때 많은 사람들이 회개하고 구원을 얻었습니다.

특히 오늘날은 교회가 성령 충만함을 간절히 구해야 할 때입니다. 교회 내의 분쟁과 다툼이 그치지 않는 때이기에 더욱 그러합니다. 직분자들이 자신의 명예나 물질, 그리고 지식을 자랑하기에 성령의 인도하심을 받지 못하고 세상적인 방향으로 나가게 되는 것입니다.

초대 교회 집사로 임명된 일곱 사람들에게 나타난 모습이 바로 성령 충만 이었습니다. 그들이 성경을 몇 번 읽었다는 지적인 지식을 나열하지도 않았고, 신학을 연구했다는 경력도 없습니다. 오직 다른 사람들로부터 칭찬을 받았다는 사실과 성령 충만을 나열하고 있습니다.

성령 충만한 사람들에게 나타나는 현저한 특징을 에베소서 5:18-21을 통해 알 수 있습니다. "술 취하지 말라 이는 방탕한 것이니 오직 성령의 충만을 받으라 시와 찬미와 신령한 노래들로 서로 화답하며 너희의 마음으로 주께 노래하며 찬송하며 범사에 우리 주 예수 그리스도의 이름으로 항상 아버지 하나님께 감사하며 그리스도를 경외함으로 피차 복종하라"

그런데 성령 충만에 앞서 술 취하지 말라고 말씀하고 있는데, 이는 술 취함의 특징이 성령 충만한 상태와 정반대의 특성을 지니고 있기 때문입니다.

술 취한 자의 특징을 살펴보면,

첫째, 횡설수설 합니다. 어떤 선의 기준도 없고 분별력도 없습니다.

둘째, 헛것이 보입니다. 사물을 분명하게 볼 수 없을 만큼 정신 상태가 흐리기에 정확한 목적지를 향해 걸어갈 수가 없습니다.

셋째, 무례해집니다. 자기 기분대로 생각대로 행동합니다. 감옥에 있는 죄수들에게는 연장자가 없다고 합니다. 먼저 감옥에 들어간 사람이 최고라고 합니다. 이처럼 인간의 질서와 예의가 무너진 모습을 술 취한 사람에게서 발견할 수 있습니다.

넷째, 지저분해집니다. 술 취한 사람은 아무 곳에서나 토하며, 잠을 잡니다.

다섯째, 불평을 많이 합니다. 술 먹은 사람의 입에서는 불평과 욕설이 거침없이 터져 나옵니다.

여섯째, 시비를 걸고 싸움을 합니다. 교회에 나오면서도 술을 많이 마셨던 한 여인은 술만 먹으면 시비를 걸어서 얼굴이 성할 날이 없이 거의 매일 멍이 들어 있었고, 그 여인은 결국 술 때문에 길에서 죽고 말았습니다.

성령 충만한 자에게 나타나는 특징을 살펴보면,

첫째, 진정한 찬송이 있습니다. 기쁨이 충만한 자가 마음으로 찬송을 부를 수 있습니다. 이처럼 성령 충만한 자는 기쁨이 넘칩니다.

둘째, 감사가 넘칩니다. 그 어떤 사건도 감사로 받습니다. 원망과 불평이 사탄의 전유물이라면, 성령께서는 감사를 주십니다.

셋째, 서로 복종하는 자세를 가집니다. 이는 사람과의 관계를 아름답게 가지는 것으로 교만하지 않은 겸손한 자세를 가리킵니다. 높아지려고 하고 인정받으려는 마음은 성령 충만한 자에게서는 찾아 볼 수 없습니다.

성령 충만한 자는 하나님이 주시는 지혜와 총명, 지식과 재주도 아울러 소유할 수 있습니다(출 31:3).

당신은 성령 충만 하십니까?

기본이
31
중요 합니다

이스라엘의 역사를 보면 하나님께서 국가와 개인의 역사를 주관하고 계심을 알 수 있습니다. 그들에게는 수없이 많은 전쟁이 있었습니다. 그럴 때마다 그들은 하나님께 기도했습니다. 그들에게는 많은 군대도 변변한 무기도 없었습니다. 세상적으로는 화려하지도 못했고, 강하지도 못했습니다.

그러나 그들에게는 기도가 있었습니다. 겉모양은 작고 볼품이 없는 이스라엘을 아무도 넘보지 못했습니다. 이는 바로 기도의 능력 때문이었습니다.

오늘날 교회 내의 직분자와 교사들을 보면 열심이 있습니다. 외적으로 아름다운 스타일을 가진 사람도 많습니다. 그러나 정작 가장 기본적이면서도 최고로 중요한 기도가 없는 경우가 많습니다.

기도는 기본입니다. 기본도 안 된 상태에서 다른 일을 한다면 그것은 사람의 행사에 불과할 것입니다. 기본자세는 참으로 중요합니다. 얼마 전 테니스를 하는데 어떤 사람이 자세가 잘못되었다고 코치로부터 지적을 받는 것을 보았습니다. 그 사람의 폼은 완전히 탁구하는 자세였습니다.

기도 생활과 함께 성경말씀을 대하는 시간이야말로 기본이라고 말할 수 있습니다. 성경말씀은 영의 양식입니다. 영혼을 살찌워 일을 할 수 있게 하는 힘은 말씀에서부터 나옵니다.

예레미야 15:16을 보면 "내가 주의 말씀을 얻어먹었사오니 주의 말씀은 내게 기쁨과 내 마음의 즐거움이오나"라고 했습니다. 음식을 먹지 않으면 건강을 유지할 수 없을 뿐 아니라 일을 할 수 없습니다. 육의 양식은 단 한 번도 거르지 않고 먹으면서 영의 양식은 먹지 않기 때문에 기쁨도 없고 즐거움도 없다는 사실을 기억해야 합니다.

기본이 안 된 사람은 아무리 열심히 테니스를 해도 정상적인 선수가 될 수가 없습니다. 기본자세를 교정하지 않고는 결코 성장하지 않습니다.

일시적으로는 성장할 수 있을지 모르나 곧 한계에 도달하게 됩니다.

제자훈련과 소모임(소그룹 성경공부)을 통해 성장하는 성도들의 모습을 보며 하나님의 말씀의 능력에 놀라는 때가 한 두 번이 아닙니다.

무엇보다도 그들은 예수님을 사랑합니다. 봉사와 예배의 자세, 말씀에 대한 순종의 자세가 달라집니다. 성격까지도 변화시키는 하나님의 말씀은 살아서 움직이는 성령의 검임을 실감할 수 있습니다.

성경공부 없이도 폼 잡고 일하던 시간들이 부끄럽기 한이 없습니다.

하나님의 말씀을 공부하지 않기에 전혀 성숙하지 않는 사람들은 분명 힘들고 고통스러울 수밖에 없습니다. 그래서 다른 면에서 그 부족을 보충하려고 노력합니다. 이런 자들은 세상적인 지식이나 명예, 물질을 앞세워 자신을 과시하려고 합니다. 그러나 말씀과 기도라는 기본이 안된 사람은 성령의 열매를 맺을 수 없습니다. 간혹 성경공부에 참석하지도 않고 기도도 없이 봉사한다고 뛰어다니는 사람을 보면 안타깝기 그지없습니다. 당신은 어떻습니까?

32

아직도 육에 속한 사람 입니까?

교회 안에는 육에 속한 사람과 영에 속한 사람이 있습니다.

영에 속한 사람은 성령의 인도하심을 받아 변화되어 성숙된 사람을 가리킵니다. 하나님의 말씀으로 잘 양육되어 성령 충만한 상태를 유지하며 살아가는 그리스도인으로, 자신의 마음을 주님께 내어드리고 자신은 종의 위치에서 살아갑니다. 말씀에 순종하며 말씀을 삶 속에 적용시키기에 삶이 능력이 있고 기쁨이 넘칩니다. 그리고 영에 속한 사람에게서 나타나는 외적인 모습은 인격적인 변화입니다. 인격적인 변화가 없는 그리스도인들은 육에 속한 사람들입니다.

신앙생활을 오랫동안 했다고 해서 반드시 영에 속했다고 말할 수 없습니다. 많은 신앙의 경력이 그를 영적인 사람으로 만들어 주는 것도 아닙니다. 큰 교회 출신이라고 해서 그가 영적인 사람이라고 말해서도 안 됩니다.

그러나 사람들은 외적인 것을 가지고 자신의 신앙을 자랑합니다. 어떤 사람은 성경을 많이 읽었기에 자신이 영적인 사람일 것이라고 생각합니다. 또 다른 사람은 성경대학과 주일학교 교사대학을 수료했기에 자신은 영적인 사람이라고 자부심을 가지고 말합니다.

그리고 유명한 교회에서 주일학교 교사로, 혹은 집사, 또는 장로이기에 분명 영적인 사람이라고 의심 없이 믿는 사람도 있습니다. 이러한 외적인 조건이 결코 사람을 영적인 사람으로 만들어주지 않습니다.

육적인 사람들의 대체적인 특징은 지식적이라고 말할 수 있습니다. 그래서 아는 것이 많습니다. 남을 판단하기도 잘합니다. 그러나 정작 중요한 말씀에 대한 적용이 없기에 삶의 변화가 없고 인격적인 변화가 없습니다. 그리고 언제나 냉랭합니다. 뜨거운 열정이 없습니다. 머리는 잘 돌아가는데 가슴은 언제나 차갑습니다. 그는 입으로 주님을 사랑한다고 말합니다. 그러나 사실은 말뿐입니다. 머리로만 사랑할 뿐입니다. 그럼에도 다른 사람들 앞에서 주님을 사랑하는 것처럼 말을 합니다. 사실은 빈껍데기입니다. 주님의 명령 하나 옳게 행하는 것이 없습니다.

또한 어린아이에게 나타나는 시기와 질투 때문에 남을 미워하며 싸움을 잘합니다. 육적인 사람은 그 누구보다 싸움을 잘합니다. 싸움의 원인은 많이 있습니다. 싸우는 사람들은 모두 합당한 이유가 있습니다. 그러나 어떤 이유에서든지 용납될 수 없습니다. 주님이 참으셨던 것처럼 끝까지 참아야 합니다.

육적인 사람은 매사가 자기중심이기에 다른 사람들이 자신을 인정해 주지 않거나 무시할 때 노여워합니다. 자기처럼 완벽한 사람도 없다고 착각하기에 자신의 부족을 솔직하게 시인하는 모습을 찾아 볼 수 없습니다.

예를 들어 교회에서 자신의 위치에만 신경을 씁니다. 세상 사람들이 좋아하는 명예를 좋아합니다. 그러므로 자신의 욕심이 채워지지 않으면 하나님께서 좋아하시지 않는 인간적인 방법과 수단을 동원하여 일을 처리하기 일쑤입니다.

고린도 교회는 은사적인 면에서 특출하였습니다. 특히 방언의 은사는 다른 교회들이 시도하는 것이었습니다. 그러나 그들에게는 다툼과 시기, 당 짓는 일이 생겼습니다. 이 교회를 향해 권면하던 사도 바울은 이렇게 말했습니다.

"형제들아 내가 신령한 자들을 대함과 같이 너희에게 말할 수 없어 육신에 속한 자, 곧 그리스도 안에서 어린아이들을 대함과 같이 하노라 내가 너희를 젖으로 먹이고 밥으로 아니하였노니 이는 너희가 감당치 못하였음이거니와 지금도 못하리라 너희가 아직도 육신에 속한 자로다 너희 가운데 시기와 분쟁이 있으니 어찌 육신에 속하여 사람을 따라 행함이 아니리요"(고전 3:1-3)

하나님은 당신이 육신에 속한 자로 머물러 있는 것을 싫어하십니다. 아직도 육에 속한 사람입니까?

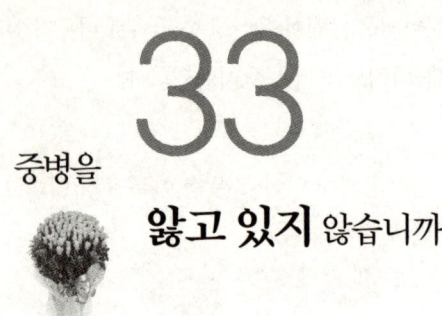

중병을

33

앓고 있지 않습니까?

히브리서 기자는 하나님의 말씀에 대하여 이렇게 말하고 있습니다.

"하나님의 말씀은 살았고 운동력이 있어 좌우에 날선 어떤 검보다도 예리하여 혼과 영과 및 관절과 골수를 찔러 쪼개기까지 하며 또 마음의 생각과 뜻을 감찰하나니 지으신 것이 하나라도 그 앞에 나타나지 않음이 없고 오직 만물이 우리를 상관하시는 자의 눈앞에 벌거벗은 것같이 드러나느니라"(히 4:12-13)

오늘날 많은 사람들은 자신의 성경 지식을 자랑하고 있습니다. 많이 알고 있다는 것처럼 힘이 되는 것도 없습니다. 그러나 많이 알고 있는 그 자체가 바로 믿음과 연결되지 않을 때가 있습니다.

교도소 전도를 담당하는 어느 목사님은 이런 말을 했습니다. "교도소 안의 조수들 중에는 성경을 여러 번 읽은 사람들이 많습니다. 장기 복역자들 가운데는 성경을 백독한 사람도 있습니다. 그러나 문제는 그들의 삶에 있습니다. 성경 백독한 사람이 건빵 때문에 싸웁니다."

성경을 많이 읽어 그 뜻을 아무리 잘 안다고 해도 삶이 변화가 없다면 한 번쯤 자신을 돌이켜 보아야 합니다. 하나님 말씀을 지식적으로 아는 것처럼 위험한 일이 없기 때문입니다. 하나님께서 성경을 많이 알고 있다고 상급을 주실까요? 성경을 백독했다고 칭찬을 하실까요? 아닙니다. 성경 어디를 보아도 많이 알았다고 칭찬하시는 내용은 없습니다. 하나님의 관심은 아는 것이 아니라 행하는 데 있습니다.

"너희가 이것을 알고 행하면 복이 있으리라"(요 13:17)

"나의 이 말을 듣고 행치 아니하는 자는 그 집을 모래 위에 지은 어리석은 사람 같으리니 비가 내리고 창수가 나고 바람이 불어 그 집에 부딪히매 무너져 그 무너짐이 심하니라"(마 7:26-27)

"너희는 도를 행하는 자가 되고 듣기만 하여 자신을 속이는 자가 되지 말라"(약 1:22)

하나님은 들어서 알기만 하고 행치 않는 사람들에 대해 많은 경고를 하셨습니다. 그러므로 하나님의 말씀은 삶 속에 적용해야 합니다.

다시 말하면 하나님의 말씀에 순종하여 행해야 하는 것입니다. 히브리서 기자의 말씀처럼 하나님 말씀은 살아 있는 말씀이기에 삶 속에 적용할 때 놀라운 능력으로 나타납니다. 삶에 적용하지 않으면 말씀의 능력을 체험할 수 없습니다.

하나님의 말씀은 영혼의 문제를 해결합니다. 영적으로 병든 사람을 치유합니다. 그리고 육적으로는 병든 사람의 병도 낫게 합니다. 그리고 인격의 문제점들을 고쳐 줍니다. 이 세상에 병 없는 사람은 없습니다. 영혼의 병, 마음의 병, 육의 병, 헤아릴 수 없는 문제를 안고 사는 피조물인 인간이 어찌 감히 하나님의 말씀을 다 안다고 말할 수 있습니까? 이는 하나님의 말씀의 능력을 모르는 데서 기인한 무지의 소치가 아닐 수 없습니다.

어떤 이는 성경공부를 하자고 하면 과거에 다 한 것이니 할 필요가 없다고 말합니다. 이 사람 역시 하나님의 말씀을 지식으로 오인한 결과입니다.

하나님의 말씀은 영의 양식입니다. 계속적으로 먹어야 할 양식인 것입니다. 아침에 밥을 먹었기에 저녁에는 밥을 먹지 않겠다는 사람은 없을 것입니다.

육의 양식이 이 세상을 사는 동안 계속적으로 필요하듯이 영의 양식 또한 계속적으로 필요한 것입니다. 그래서 우리는 성경공부 시간을 많이 가져야 합니다. 식욕이 없는 사람은 병자입니다. 그러므로 성경공부를 싫어하는 자는 중병 환자인 것입니다.

좋은 자리만을
34
고집합니까?

살다 보면 하고 싶은 일이 있습니다. 좋은 결과를 가져다 줄 것 같은 생각이 들면 의욕을 가지고 달려듭니다. 다른 사람들로부터 인정받고, 부러움을 독차지할 인기 있는 자리라면 어떻게 해서든 소유하려고 합니다.

사람들은 많은 욕심을 가지고 한평생을 살아갑니다. 그중의 하나가 명예욕입니다. 명예욕은 재물의 욕심과 함께 사람을 망하게 한 주된 원인이 되었습니다. 공자의 제자였던 안회는 이런 말을 하였습니다. "옛날부터 명예심과 재물 욕심 때문에 멸망한 사람이 얼마나 많았던가?"

사탄은 언제나 이 명예심을 이용합니다. 예수님께서 사십 일을 금식하신 후에 받은 시험 중의 하나가 바로 명예심이었습니다. '마귀가 또 예수를 이끌고 올라가서 순식간에 천하만국을 보이며 가로되 이 모든 권세와 그 영광을 내가 네게 주리라 이것은 내게 넘겨 준 것이므로 나의 원하는 자에게 주노라 그러므로 만일 내게 절하면 다 네 것이 되리라"(눅 4:5-7)고 유혹하였고, 예수님은 "주 너의 하나님께 경배하고 다만 그를 섬기라"고 말씀하셨습니다. 이처럼 사탄은 사람의 높아지고자 하는 심리를 교묘하게 이용합니다.

오늘날 이러한 세상의 명예심이 교회 안에까지 파고 들어왔습니다. 이 명예심 때문에 형제들의 마음이 갈려 상처를 당하며 미워하는 경우를 많이 볼 수 있습니다. 자신의 마음에 맞는 일만 골라서 하려고 합니다. 좋은 일을 맡으면 감투나 쓴 것처럼 좋아합니다. 어떤 이는 세상에서 소외된 분풀이를 교회의 직분을 통해 하려고 합니다. 만약 자신의 마음에 맞지 않는 일이 주어지면 헌신짝 버리듯 주어진 일을 내팽개치기도 합니다.

하나님의 일은 마음에 맞지 아니해도 해야 합니다. 하나님은 좋은 것 고르기에 익숙한 우리에게 싫은 일을 명령하시는 때가 자주 있습니다.

하나님께서 왜 그러실까요?

하나님께서는 사람들이 문제를 안고 있는 것을 그대로 방치하지 않으십니다. 해결하셔야만 직성이 풀리십니다. 이것이 하나님의 사랑입니다. 사람들이 웬만하면 그냥 지나쳐 버리는 일도 하나님은 반드시 지적하고 넘어가는 이유가 바로 여기에 있는 것입니다.

병든 사람은 편식을 합니다. 아무것이나 먹을 수가 없습니다. 직분자를 임명해 보면 그 사람의 영적 상태를 알 수가 있습니다. 주어진 직분에 대해 감격하며 감사하는 자가 있는가 하면 불평과 원망으로 일관하는 사람이 있습니다. 자신의 능력에 비추어 형편 없는 자리가 주어졌다고 생각하기 때문입니다. 이는 무서운 교만 병에 시달리고 있는 사람인 것입니다.

하나님의 일은 기분에 의해 좌우될 수 없습니다. 성경 어디를 보아도 기분이나 취미, 그리고 조건이 일치할 때 일을 하라는 말씀은 없습니다.

아브라함이 믿음의 조상으로 인정받은 이유가 무엇입니까? 바로 할 수 없는 일을 했기 때문입니다. 하나님은 어떤 때는 불가능한 일을 주십니다. 그리고는 방치하는 것처럼 보이지만 한시도 눈을 떼지 않고 주시하고 계십니다. 도움의 손길을 필요로 하는 시간에 도와주시기 위해서 말입니다.

그러므로 자신의 마음에 드는 일만 하려는 사람처럼 불신앙적인 사람도 없습니다. 이는 하나님의 능력을 무시하는 것일 뿐 아니라 하나님의 뜻을 외면하는 것이기 때문입니다. 하나님은 어떤 일이든 최선을 다하는 사람들을 선택하셨습니다. 목동으로 최선을 다했던 다윗, 감옥에서도 성실했던 요셉.

당신은 어떻습니까? 아직도 좋은 자리만을 고집합니까?

35

행복은

가정에서 부터 시작됩니다

　사랑처럼 사람의 마음을 설레게 하는 단어도 없습니다. 사랑을 모르고 살아가는 사람이라면 참으로 비극적인 사람일 것입니다.

　그러나 사랑을 받지 못한 사람은 없을 것입니다. 그 누구에게든 사랑을 받았고 받고 있지만 그 사랑을 느끼지 못할 뿐입니다. 사람은 어머니 뱃속에서부터 사랑을 받습니다. 태어나서는 부모님의 사랑을 받으며 성장해 갑니다. 물론 사랑의 방법은 부모님들의 성격에 따라 다를 수 있습니다. 그러나 분명한 것은 사랑한다는 사실입니다.

　이처럼 사랑을 맨 처음 접하는 장소가 바로 가정입니다. 그러나 그 고귀한 사랑을 깨닫는 자녀들은 예상 외로 적습니다. 그래서 많은 청소년들은 새로운 변화를 추구합니다. 가정을 뛰쳐나가고 싶은 욕망을 억제하지 못하여 일을 저지르는 경우를 자주 봅니다. 그리고는 자신도 모르는 사이에 탕자로 변하여 자신의 인생을 저주하기도 합니다.

오늘날은 가출 청소년들이 너무도 많습니다. 가출후의 그들의 모습은 참으로 안타까울 뿐입니다. 가출한 청소년들이 가 있는 곳이 대부분 유흥가이거나 범죄조직으로부터 이용을 당한다고 합니다.

성경에는 어떤 가출자의 이야기가 나옵니다. 부유한 아버지 밑에서 부족한 것 없이 지내던 아들이 있었습니다. 그러나 그는 그의 삶에 변화가 있었으면 하는 마음을 가지고 아버지에게 자신에게 줄 유산을 달라고 하여 집을 떠나 먼 타향으로 갑니다. 집을 떠난 자유야말로 지금껏 느껴보지 못한 새로움이었습니다. 아버지의 구속에서 해방된 것입니다.

그는 자기 마음대로 행동하며 살았습니다. 주위에는 언제나 술과 여자들이 있었습니다. 시간이 지나자 아버지로부터 받은 유산도 바닥이 났습니다. 몸은 말할 수 없을 만큼 병들어 있었습니다. 이제는 먹고 살 길을 찾아야 했습니다. 그는 이곳저곳 다니며 직업을 구했습니다.

그러나 그에게는 좋은 직업조차도 나타나지 않았습니다. 그가 겨우 구한 직업은 돼지우리를 치우는 일이었습니다. 먹을 것이 없어 돼지가 먹는 쥐엄열매로 배를 채우며 일했습니다. 고생 중에 그는 자신의 집을 생각했습니다. 마음대로 먹을 수 있었고 부모님의 사랑을 받았던 가정이 그리웠습니다. 그는 비로소 행복이 무엇인가를 안 것입니다. 가정에서의 행복을 말입니다.

이제 그는 거지가 되어 집으로 돌아갑니다. 아버지가 자신을 종으로라도 받아 주었으면 하는 바람으로 돌아가는 그의 눈에서는 과거에 대한 후회의 눈물이 끊임없이 흘러내렸습니다.

그런데 먼발치에서 그의 아버지가 그를 보며 달려오고 있는 것이었습니다. 그리고는 꼭 껴안아 주며 좋은 옷과 신발, 그리고 가락지를 손에 끼워 주었습니다. 기쁨을 이기지 못하며 큰 잔치를 열었습니다. 죽었던 내 아들이 돌아왔다고…

미국의 시인 프로스트는 가정에 대하여 이렇게 말했습니다. "집이란 여러분이 그리로 가야 할 때 언제나 여러분을 맞아 주는 곳입니다."

세상을 만드신 하나님께서 유난히도 주의 깊게 살피고 계신 모임은 바로 가정입니다. 하나님은 인간의 행복을 가정에서부터 시작하도록 하셨습니다. 그래서 하나님은 아담과 하와의 가정을 직접 만들어 주셨습니다. 사람들이 가정을 외면할 때 범죄가 시작되고 불행의 그림자가 다가오게 되는 것입니다.

가정의 무너짐이 심할 때 그 사회와 국가가 병들어 타락하게 되는 것은 바로 이런 이유 때문이라고 말할 수 있을 것입니다.

이러한 가정을 지킬 의무가 우리에게 있습니다. 부모에게만 가정을 지킬 의무가 있다고 말해서는 안 됩니다. 자녀들에게도 가정을 지킬 의무가 있습니다. 온 식구가 마음을 합해 협력해야 가정의 행복이 주어지는 것입니다. 가정처럼 이해하고 받아주는 곳은 그 어디에도 없습니다. 물론 마음에 맞지 않는 불평스러움도 있을 것입니다. 그러나 참고 이해하고 기다리다 보면 반드시 아름다운 열매를 얻을 수 있습니다.

가정을 사랑하고 질서를 깨지 않는 사람은 분명 하나님의 사랑을 받을 것입니다.

가정에 무슨 문제가 있다면 가정을 사랑하시는 하나님께 기도하십시오. 그러면 하나님께서는 그 문제를 위해 반드시 일을 시작하실 것입니다. 당신이 도무지 할 수 없는 일을….

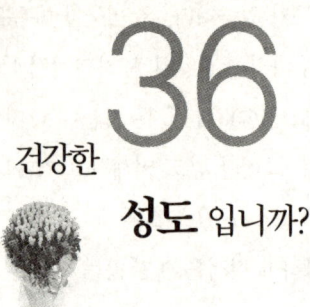

건강한

36

성도 입니까?

교회는 일을 해야 합니다. 하나님의 일을 해야만 합니다. 어릴 때부터 교회에 다니면서 교회는 나 자신을 기쁘게 해주는 장소라고 생각했습니다. 중학교 3학년 때 교인들이 싸우는 것을 보았습니다. 장로가 목사를 내쫓는 싸움이었습니다. 강단에서 설교를 못하도록 방해하는 집사와 그 방해자들에게 열을 올리면서 대드는 젊은 집사의 고함소리… 결국 그일 이후 목사는 다른 교회로 옮겼습니다. 이 후에 이사 때문에 여러 교회를 거치게 되었습니다.

그런데 다른 곳에서도 역시 마찬가지였습니다. 사건의 내용과 형태만 다를 뿐이지 크고 작은 싸움은 계속되었습니다. 참으로 통탄할 일입니다. 교회는 싸우는 곳이 아닙니다. 자기의 목청을 돋우어 주장과 이익을 나열하는 곳은 더더욱 아닙니다.

신학교에 다니면서도 싸우는 교회들의 모습은 내 마음의 숙제였습니다.

전도사로 섬기는 교회에서도 그 문제는 계속되었습니다. 교회를 개척하였습니다. 새로 등록한 교인들이 처음에는 한 가족같이 사랑이 많았습니다. 그러나 숫자가 많아지자 갈등이 생기기 시작했습니다. 교회의 목표가 사랑이 넘치는 교회, 말씀을 생활화하는 교회, 전도하는 교회였습니다. 교회의 목표를 세웠으나 그것을 이루어 줄 수 있는 힘이 무엇인지를 몰랐기에 그저 인간적으로 좋게 해 주는 수밖에 없었습니다.

그러나 조금이라도 섭섭한 일이 생기면 좋았던 인간관계는 일시에 깨어졌습니다. 나름대로 기도하고, 설교준비도 열심히 했습니다. 그러나 교회는 목사보다 더 똑똑한 사람들로 가득 찼습니다. 그저 목사는 자신들의 마음이나 맞추어 주는 시녀가 되기를 원했습니다. 각자의 다양한 주장은 언제나 판단 기준을 흐려 놓았습니다. 세상적인 지식과 물질적인 부를 가진 사람들의 목소리는 교회에서 언제나 컸습니다.

어떻게 보면 교회가 세상적인 모임과 별다를 바 없었습니다. 예수님의 이름을 이용하여 복을 달라고 조르는 것 외에는 삶의 모습들은 큰 차이가 없었습니다.

성도들끼리의 갈등은 목사에게 큰 고민으로 등장했습니다. 예수님의 말씀 "네 오른편 뺨을 치거든 왼편도 돌려대라"는 마태복음 5:39을 실천하려는 사람은 거의 없었습니다. 각자의 입장만을 주장할 뿐이었습니다. 하나님의 말씀은 그들의 지식을 채워 주는 이용물에 불과할 뿐이었습니다.

교인들에게 성경공부를 시키는 것은 참으로 어려운 일이었습니다. 기본적인 것만 알고 있으면 신앙생활은 쉽게 할 수 있는데 무슨 공부가 필요하냐는 것이었습니다. 그러면서도 주부대학이니 세상의 세미나에는 열을 올리는 교인들이 많았습니다.

예수님은 그들의 종이었습니다. 필요할 때만 불러대는 종이었습니다. 그러므로 예수님의 말씀은 들을 필요가 없었습니다. 교회도 자신의 편리대로 돈을 주고 복을 살 수 있는 곳 정도로 생각할 뿐이었습니다. 그러므로 말씀대로 살아야 한다는 설교는 질색을 하며 싫어했습니다. 얽매이는 신앙생활은 싫다는 것입니다. 적당하게 세상도 즐기면서 살아가는 교인들로 교회는 채워지고 있는 것이었습니다. 이런 교인들이기에 마음에 안 드는 것이 있으면 언제든지 교회를 떠나갔습니다. 이 교회 아니면 교회가 없느냐는 식이었습니다.

목사는 정말 종이 되어야 했습니다. 하나님의 종이 아니라 사람들의 종이 되어야 했습니다. 그들의 마음을 맞추지 못하면 영락없이 형편없는 목사가 되기 때문입니다. 그들은 목사를 마음대로 판단했습니다. 그들의 생각에는 자기들이 목사를 먹여 살려 주기 때문이었습니다. 목사에 대한 기준은 너무 엄격했습니다. 단 한 번의 실수도 용납하지 않았습니다. 목사가 자기들보다 부유한 생활을 한다든지 새로운 물건을 사게 되면 세속화된 목사로 낙인이 찍힐 수밖에 없기에 언제나 긴장해야만 했습니다.

직분도 섬기는 자로서의 직분이 아니라 자신을 과시하는 벼슬이었습니다.

초신자 때는 60도로 절하다가 직분자가 되어서는 손을 흔들어 인사했습니다. 그의 주장은 교회의 주인이신 예수님의 뜻과는 전혀 상관이 없는 주장이었습니다. 자기에게 이익이 되는 사업이면 쌍수를 들어 환영을 하지만 자신의 물질적인 봉사나 시간적인 봉사가 요구되면 적당한 이유를 둘러대어 반대를 하였습니다. 그 결과 영적으로 미성숙 된 성도들은 자기들의 입장을 대변해 주는 대변자라고 그를 좋아하는 사람도 생겼습니다.

어느덧 교회에도 야당과 여당이 생긴 것입니다. 목사를 지지하면 여당이요 반대를 잘하면 야당이 되는 것입니다. 야당의 기질을 가진 사람은 자기주장이 있다는 이유 때문에 유능한 사람으로 인정을 받고 교회의 스타였습니다.

하나님께서 직분자를 세우신 이유가 무엇인지를 몰랐습니다.

하나님께서는 그들을 목회자와 협력하여 하나님의 사역을 효과적으로 수행하도록 동역자로 세우신 것입니다. 그들은 이 중요한 사실을 망각하고 있었습니다. 교회는 복음을 전해야 합니다. 진리이신 예수님을 전해야 합니다.

예수님만이 우리의 구원자이심을 담대하게 전하는 일에 온 성도가 하나가 되어야 합니다. 그런데 자신의 욕심만 채워서 되겠습니까? 이는 목사로부터 모든 평신도들에게 명령하신 주님의 바람입니다.

예수님은 승천하시면서 유언을 하셨습니다. 그 유언은 가서 제자 삼으라는 것이었습니다. "그러므로 너희는 가서 모든 족속으로 제자를 삼아 아버지와 아들과 성령의 이름으로 세례를 주고 내가 너희에게 분부한 모든 것을 가르쳐 지키게 하라 볼지어다 내가 세상 끝날 까지 너희와 항상 함께 있으리라 하시니라"(마 28:19-20)

교회 안에서 하나가 되지 못한 교회는 이 명령을 순종할 수 없습니다. 다시 말하면 교회로서의 역할을 정상적으로 감당할 수 없습니다. 주님께서는 이 구원 사역을 위한 교회를 세우시기 위해 십자가에 못 박혀 돌아가셨습니다. 온 몸에 피를 흘리시면서, 고통의 절규를 하시면서 까지 말입니다.

그러므로 이 사역을 잘 감당하는 교회를 주님은 보실 것입니다. 그리고 세상 끝날 까지 항상 지켜 주실 것입니다.

사역을 하고 있는 우리는 매일 자문자답해 보아야 합니다.

"정말 주님을 사랑하십니까?"

어느덧 세월이 지나 목회를 한 지 21년이 지났습니다. 그리고 더욱 감격스러운 것은 제자훈련을 시작한지 만 17년이 되었다는 사실입니다.

제자훈련 기간 동안 많은 어려움이 있었습니다. 교인들의 성경공부에 대한 거부감을 극복하는 것이었습니다. 어떤 교인들은 성경공부가 힘들다고 다른 교회로 옮겨갔습니다. 많은 비판과 도전은 참으로 힘들었습니다.

그러나 이제는 많은 사람들이 주님의 제자가 되었습니다. 성도들은 정말 주님을 사랑하게 되었습니다. 삶이 변화하기 시작했습니다. 언행이 확실하게 달라졌고, 그들의 얼굴은 기쁨으로 가득 찼습니다. 아내가 예수 믿으면 남편도 예수를 믿었습니다. 삶 속에서 예수님을 전한 것입니다. 전교인의 대다수는 새가족반을 통해 구원의 확신을 가졌습니다. 교인들은 하나가 되어 복음을 전하는 일에 힘을 쏟고 있습니다.

살아 있는 하나님의 말씀의 능력이었습니다. 말씀의 능력은 죽은 자를 살릴 수 있습니다. 그러므로 삶이 변하는 것은 당연합니다. 전교인들은 일주일에 한번 소그룹 성경공부 모임인 순모임에 참석하여 말씀으로 자신의 삶을 점검하며 순종을 결단합니다. 이렇게 말씀을 정기적으로 받아 먹는 성도는 주님을 닮아 갑니다.

하나님의 말씀은 더욱 많은 기도를 하게 하고, 삶속에서 주님을 찬양하게 합니다. 어떤 문제도 해결 받습니다.

지금부터 하나님 말씀 앞에 무릎을 꿇고 성경공부를 시작하십시오. 하나님의 말씀을 당신의 삶 속에 적용하십시오. 그러면 당신에게 놀라운 변화가 있을 것입니다.

"너희가 거듭난 것이 썩어질 씨로 된 것이 아니요 썩지 아니할 씨로 된 것이니 하나님의 살아 있고 항상 있는 말씀으로 되었느니라"(벧전 1:23)

사랑은

37

오래 참습니다

사랑은 오래 참습니다.

하나님의 사랑인 아가페의 특징 중에 가장 첫 번째의 특성은 오래 참는 것입니다. 오래 참을 수 없는 사람은 하나님께서 원하시는 첫 번째의 자격에서부터 실격이 됩니다. 하나님께서 사랑의 가장 첫 번째 조건으로 오래 참음을 강조하신 데는 큰 이유가 있을 것입니다(고전 13:4).

이는 하나님께서 오래 참으셨기 때문입니다. 범죄하는 인생들을 보시면서 하나님은 기다리셨습니다.

로마서 3:25에는 "이 예수를 하나님이 그의 피로 인하여 믿음으로 말미암아 화목 제물로 세우셨으니 이는 하나님께서 길이 참으시는 중에 전에 지은 죄를 간과하심으로 자기의 의로우심을 나타

내려 하심이니"라고 말씀하셨습니다. 이는 하나님께서 지금까지 참으심으로 침묵하셨던 과거의 우리의 죄를 예수님을 통해서 해결하셨다는 것입니다. 만약 하나님께서 오래 참으시지 않으셨다면 우리는 정말 살아남기 힘들었을 것입니다.

그러므로 오래 참음은 사랑의 전제가 된다는 사실을 알아야 합니다. 하나님께서는 자녀 된 우리에게 오래 참을 것을 요구하십니다(롬 8:25).

오래 참음은 열매를 얻습니다. 가을의 풍성한 추수를 바라는 농부는 기다려야 합니다. 기다리지 못하면 그 어떤 열매도 기대할 수 없습니다. 그런 면에서 우리는 농부들을 존경해야 합니다.

현대인들은 인스턴트를 좋아합니다. 무엇인가 금방 이루려는 조급한 마음이 이 시대를 망치고 있습니다. 조금도 참을 수 없는 시대에 살아가는 우리는 오래 참음 속에 담겨 있는 보화를 볼 수 있어야 합니다.

차를 타고 가다 보면 사람들의 마음이 얼마나 급한지를 알 수가 있습니다. 오래 참을 수 있는 여유가 있어야 다툼을 일으키지 않고 평화할 수 있습니다. 오래 참는 자에게는 영원한 생명으로 갚아 주십니다. 참음으로 꾸준하게 선한 일을 행하며 썩지 않는 영광과 존귀를 구하는 자에게 영원한 생명으로 갚아 주시겠다고 로마서 2:7에서 말씀하셨습니다.

참는 자들에 대한 하나님의 관심은 대단히 큽니다. 디모데후서

2:12에 보면 "참으면 또한 함께 왕 노릇할 것이요"라고 하셨는데, 이는 참는 자의 결국을 잘 표현한 말씀이라고 할 수 있습니다.

그러므로 잠언 기자는 "미련한 자는 분노를 당장에 나타내거니와 슬기로운 자는 수욕을 참느니라"(잠 12:16)고 했습니다. 물론 참는 것은 힘이 듭니다. 그러나 참음의 결과를 아시기에 자녀 된 우리에게 참음의 도를 강조하시는 것입니다. 예수님을 잡기 위해 감람산에까지 대제사장과 군인들을 앞세워 온 가룟 유다가 예수님께 입을 맞추러 오는 모습을 본 베드로가 분노하여 대제사장의 종 말고의 오른쪽 귀를 칼로 쳐서 땅에 떨어뜨렸습니다. 그때 예수께서는 그 귀를 만져 낫게 하시면서 이것까지 참으라고 하셨습니다(눅 22:51). 이는 예수님께서 우리에게 참음의 한계를 잘 가르쳐 주신 것입니다. 죽음에 이르기까지 철저하게 배신을 당하시고도 참으신 것입니다. 자신이 사랑한 제자로부터 받는 배신과 냉소까지도 참으신 예수님께서는 사랑하는 사람으로부터의 무시와 멸시까지도 참으라고 말씀하셨습니다.

보이지 않는 참음의 축복을 바라보고 참았던 자들(히 11:27)이 받았던 영광(약 1:12)이 바로 참을 수 있는 근거인 것입니다.

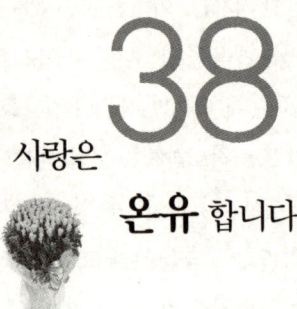

38

사랑은
온유 합니다

사랑은 온유합니다. 온유에 대해 대부분의 영어 번역은 "친절"이라는 말로 번역하고 있습니다. 관계 원어인 히브리어의 "프라오테스"는 온유, 온순, 또는 겸손 등의 의미를 가지고 있습니다.

이처럼 온유의 의미는 지극히 부드럽고 여성적인 모습을 상상하도록 합니다. 그러나 온유는 여유 있고 자신감을 가진 사람에게서 나타나는 특징입니다. 자신감이 없는 사람은 불안하여 이웃에게 안정감 있는 친절을 베풀 수가 없습니다.

내면적으로 강한 자가 가질 수 있는 특징, 그것이 바로 온유라고 말할 수 있습니다. 자신에 대해 불만족스럽고 정서가 불안한 사람도 온유한 사람처럼 보일 수는 있겠지만 이는 일시적인 노력에 불과하다고 말할 수 있습니다. 참으로 온유한 사람은 상대방의 어떤 변화에도 한결같이 온순하고 겸손합니다. 영국의 유명한 신학자 메튜 헨리의 말처럼 자애롭고 관대하며 예의바른 것입니다.

온유가 비록 여성적인 모습으로 다가오지만 그 내면이 대단히 강한 것처럼, 적극적이고 능동적인 모습임을 알아야 합니다. 온유는 다른 사람을 향해 다가갑니다. 남이 무엇인가를 해주기를 원하지 않습니다. 먼저 예의 바르게 상대방에게 접근하여 친절을 베풉니다. 혹시 상대방이 비이성적으로 도전할 때에도 자애롭고 관대하게 대합니다.

자마이카에서 어떤 전도자가 그 지방 원주민 어린이들에게 "온유한 사람은 어떤 사람일까요?"라고 질문을 하자, 그중 한 어린이가 "사나운 물음에 대하여 부드럽게 대답하는 사람입니다"라고 대답했다고 합니다.

성경에 나타난 온유한 자를 보면 이러한 특징을 더 쉽게 알 수 있습니다. 모세를 가리켜 온유한 사람이라고 했습니다. "이 사람 모세는 온유함이 지면의 모든 사람보다 승하더라"(민 12:3) 모세가 온유하다는 평을 하신 분은 하나님이십니다. 모세는 하나님의 종으로 모든 면에서 분명하였습니다. 그는 내면적으로 매우 강한 자였습니다. 그러나 그의 백성들이 잘못을 회개할 때에는 하나님께 결사적으로 매달리는 형제 사랑의 모습을 보여 주기도 했습니다(출 32:32).

오늘날 이런 온유함의 모습은 가정과 사회, 그리고 교회에서 필요로 하는 성품입니다. 공동체 생활을 해야 하는 우리 모두에게 필요합니다. 그리고 하나님을 사랑하여 순종하는 자들이 소유하는 성품이기도 합니다.

하나님을 사랑하고 순종했던 모세와 사도 바울이 가졌던 이 귀한 성품(살전 2:7)을 하나님께서는 우리에게 요구하십니다. 하나님께서 온유하시고(삼하 22:36), 예수님께서 온유하시기 때문입니다(마 11:29). 그러므로 성령의 인도하심을 받는 자들에게 나타나는 열매인 것입니다(갈 5:22-23).

하나님께서는 자녀 된 우리에게 온유하라고 명령하셨습니다(엡 4:1-2; 딤전 6:11; 약 3:13). 하나님께서 이처럼 강하게 요구하신 만큼 그에 대한 축복도 아울러 약속하십니다. 하나님께서는 온유한 자를 가르치시기를 좋아하십니다. "온유한 자를 공의로 지도하심이여 온유한 자에게 그 도를 가르치시리로다"(시 25:9) 또한 "온유한 자는 땅을 차지하며 풍부한 화평으로 즐기리로다"(시 37:11)

이와 같이 온유는 하나님을 기쁘시게 해 드리는 자들의 아름다운 성품입니다.

39

사랑은

투기하지 않습니다

사랑은 투기에서부터 벗어나게 합니다. 인류의 역사 이래로 뿌리 깊게 내려온 죄악이 투기입니다. 이 투기의 관계원어인 카나(qanah)는 "질투심 많은, 또는 샘내는"의 뜻을 가지고 있습니다. 남이 나보다 잘되는 것은 마음이 상해서 눈뜨고 보지 못하는 습성처럼 사람을 악마로 만드는 것도 없을 것입니다.

교회 내에서도 이런 모습들을 종종 볼 수 있습니다. 성숙하지 못한 사람일수록 이런 모습이 두드러지게 나타납니다. 투기는 남과 비교하는 마음에서부터 시작됩니다.

인류 최초의 투기자인 가인 역시 이러한 비교의식 때문에 살인까지 범하게 된 것입니다. 일의 결과가 남보다 못하면 그 결과에 대해 자신의 문제점을 반성해 보고 새로운 도전은 하는 모습이 그리스도인들에게 필요한 자세일 것입니다.

모든 문제의 책임을 남에게 돌릴 때 이 투기심의 사슬에서 벗어날 수 없습니다. 가인 역시 자신의 제사가 열납 되지 않은 책임이 아벨에게 있다고 생각했습니다. 하나님께서 이유 없이 편애하시는 것으로 생각하여 투기심으로 가득 차 인간에게 주어진 정상적인 감정을 조절할 능력을 잃고 말았고, 급기야 동생을 살인함으로 인류 최초의 살인자가 되고 만 것입니다.

이처럼 투기심은 남의 탓을 잘하는 사람에게서 생기는 것입니다. 그리고 투기심은 욕심이 많은 사람들에게서 찾아 볼 수 있는 두드러진 현상이라고 볼 수 있습니다. 명예욕이나 물욕, 그리고 소유욕이 강할 때 투기심은 반드시 활동을 시작합니다.

하나님께서는 모든 면에서 완벽한 자만을 선택하시지 않습니다. 과거가 험악한 사람들도 예수님의 족보에 들어 있음을 우리는 알아야 합니다. 부족한 것과 지울 수 없는 더러운 흠집이라도 하나님은 새롭게 하셔서 사용하시는 분입니다.

그리스도인들은 형제입니다. 하나님의 자녀요 한 가족이기에 형제가 잘되는 것을 보면 오히려 기뻐해야 합니다. 형제의식을 가져야 합니다. 그리스도인들의 형제의식은 불신자들의 형제의식과는 분명히 달라야 합니다. 지체의식을 가진 형제애를 가져야 합니다.

예수님을 머리로 한 지체들의 모임이 교회입니다. 지체의 한부분의 고통이 온몸을 고통 속으로 몰아넣는다는 사실을 알아야 합니다. 엄지손톱이 빠질 때 온몸이 고통 속으로 빠집니다. 아픔이 단지 엄지손가락에 국한되지 않습니다. 이처럼 기쁨과 고통을 떼어놓고 생각할 수 없는 형제의식을 가진 사람은 투기심을 극복할 수 있습니다(고전 2:23-27).

천국에서 영원히 함께 살 형제들과의 삶을 이 세상에서 준비하는 사람들은 투기심이 얼마나 부끄러운 일인지를 깊이 인식해야 합니다. 사탄은 투기심을 사람들에게 불어넣는 작업을 창세 이래로 끊임없이 계속하고 있습니다. 투기하는 사람처럼 사탄이 쉽게 요리할 수 있는 사람은 없기 때문입니다.

"그러나 너희 마음속에 독한 시기와 다툼이 있으면 자랑하지 말라 진리를 거스려 거짓하지 말라 이러한 지혜는 위로부터 내려온 것이 아니요 세상적이요 정욕적이요 마귀적이니"라고 한 야고보서 3:14-15을 통해서 투기가 마귀적이며, 정욕적인 자들에게서 나타나는 것임을 알 수 있습니다.

투기한 사람들의 말로가 하나같이 좋지 못했던 것을 통해 하나님께서 투기를 얼마나 싫어하시는가를 짐작해 볼 수 있습니다.

사랑하십시오. 그러면 투기를 이길 수 있습니다.

40
사랑은
자랑하지 않습니다

사랑하는 자는 자신을 자랑하지 않습니다.

오늘날을 자기 P.R 시대라고 합니다. 육적인 사람일수록 자신을 과시하고 자랑합니다.

참된 사랑의 초점이 이웃이라면, 자랑하는 자의 초점은 자신입니다. 아름다운 신앙을 가졌던 사람들은 그 누구도 입으로 떠벌리고 다니지 않았습니다. 자랑하는 사람은 조그만 일도 대단한 것처럼 말합니다. 그러나 다른 사람의 자랑거리는 대수롭지 않은 것으로 여깁니다.

자신의 자랑을 일삼았던 사람들의 결국은 결코 아름답지 못했습니다.

이스라엘을 향해 자신의 힘을 자랑하던 골리앗은 소년 다윗의 물맷돌에 비참한 최후를 맞이하였고, 이스라엘의 수도 사마리아를 동맹국 왕 32명과 함께 포위하고 이스라엘 왕 아합에게 은과 금과 아름다운 왕후와 자녀들을 요구하며 자신의 힘을 자랑하던 시리아의 왕 벤하닷(왕상 20:11)은 전쟁에서 이기지 못하고 후에 자기 부하 하사엘에게 암살을 당하였습니다(왕하 8:7-15).

그 외에도 앗수르 왕 산헤립의 세 장군 중의 한 명인 랍사게 역시 자기 군대의 힘을 자랑하였으나(왕하 18:27) 히스기야 왕의 기도를 들으신 하나님께서 앗수르 군사 18만 5천 명을 치시니 모두 송장이 되고 말았습니다.

아름다운 신앙을 가졌던 사람들은 자신을 자랑하지 않았습니다. 사람에게서 자랑할 근거를 찾을 수는 없습니다. 모든 것이 하나님께로부터 나오기 때문입니다. 내일을 알 수 없는 인간의 자랑처럼 불완전한 것도 없습니다. 잠언 기자는 "너는 내일 일을 자랑하지 말라 하루 동안에 무슨 일이 날는지 네가 알 수 없음이니라 타인으로 너를 칭찬하게 하고 네 입으로는 말며 외인으로 너를 칭찬하게 하고 네 입술로는 말지니라"고 잠언 27:1-2에서 말씀했습니다.

사람이 자랑하지 말아야 할 이유가 있습니다. 첫째, 자랑하는 자는 어리석은 자가 되기 때문입니다. 많은 추수를 기뻐하며 만족해하던 어떤 부자는 자신의 생명이 자신의 것이 아님을 몰랐습니다. 우리가 가지고 누리는 모든 것은 하나님께서 주신 사랑의 결과입니다. 그러므로 하나님을 떠난 자랑처럼 어리석은 것은 없습니다.

둘째, 약하기 때문에 자랑할 수 없습니다. 약한 것은 흠이 될 수 없습니다. 그러나 약함을 과장하여 자랑한다면 이는 거짓말 하는 것입니다.

셋째, 자랑은 남의 마음을 상하게 할 수 있기 때문입니다. 자랑은 다른 사람의 마음에 시기심을 불러 일으키고 욕심을 부추길 수 있습니다. 남의 자랑을 오랫동안 듣고 싶어 하는 사람은 거의 없습니다.

사랑하는 형제여!

우리는 자랑할 것이 없습니다. 모두 하나님께서 주셨기 때문입니다. 저마다 잘났다고 싸움과 시기로 가득 찼던 고린도 교회의 육신적인 모습을 보면서 "자랑하는 자는 주 안에서 자랑하라"(고전 1:31)고 한 사도 바울의 안타까움은 오늘 현대 교회를 향한 주님의 안타까움이 아닐까요? 사도 바울은 "내게는 우리 주 예수 그리스도의 십자가 외에 결코 자랑할 것이 없으니"라고 고백했습니다. 당신은 예수님을 자랑하십니까? 당신의 가정이 예수님을 자랑하십니까? 당신이 섬기는 교회가 예수님을 자랑하십니까?

41

사랑은

교만하지 않습니다

참된 사랑은 교만으로부터 벗어나게 합니다. 자신이 남보다 낫다고 생각하는 마음의 자세가 교만입니다. 교만한 자는 언제나 최고라는 자만심으로 가득 차 있습니다. 그러나 알고 보면 교만처럼 허구적이요, 망상적인 생각도 없습니다.

사람들에게는 장점과 단점이 있습니다. 서로의 장점과 단점을 조화시키고, 서로 보완할 때 아름다움이 나타납니다. 그러므로 자신이 최고라는 생각처럼 위험한 것은 없습니다.

이탈리아가 낳은 세계적인 지휘자 토스카니니(Arturo Toscanini:1867-1957)는 20세기 최고의 교향곡 지휘자입니다. 그는 연주하기에 앞서 반드시 그 곡을 완전하게 익힌 다음 지휘봉을 잡았다고 합니다.

어느 날 제자가 그에게 물었습니다.

"선생님, 이 곡은 전에도 여러 번 연주하신 곡인데도 왜 그렇게 연습을 열심히 하십니까? 우리도 그 곡을 거의 다 외우고 있지 않습니까?" 그러자 토스카니니가 대답했습니다.

"이 곡의 신비를 파악하려면 아직도 멀었어!"

세계 최고의 지휘자의 말입니다.

하나님께서는 교만에 대해서는 적극적으로 대처하십니다. "하나님 교만한 자를 물리치신다"고 야고보서 4:6에서 말씀하셨습니다. 그리고 "교만은 패망의 선봉이요 넘어짐의 앞잡이니라"고 한 잠언 16:18을 통해 말씀하셨습니다. 전쟁에서 선봉에 선 사람은 적의 공격을 가장 먼저 받습니다. 이처럼 우리의 적인 사탄은 교만한 자를 가장 먼저 망하게 만들고 맙니다.

교만한 사람처럼 큰 구멍이 나 있는 사람은 없습니다. 교만한 사람은 자신은 완벽하다는 착각에 빠져 다른 모든 사람의 선생이 되어 판단하고 간섭하며 비판합니다. 어떤 경우에는 하나님처럼 행세하기도 합니다. 하나님의 말씀도 자신의 처지와 상황에 맞게 각색합니다. 그러므로 그 누구의 말도 귀에 들어오지 않습니다. 자신의 생각이 최고이기 때문입니다.

성경공부를 하다 보면 이런 사람들이 가끔 있습니다. 성경은 알지만 상황과 내 환경이 허락지 않기 때문에 그 말씀에는 결코 순종할 수 없다고 자신의 주장을 당연시하는 사람들 말입니다.

그러므로 교만의 첫째 조짐은 "다 안다"는 것입니다. 다 아니까 이제는 그만 이야기하라는 것입니다.

두 번째, 교만한 사람은 다른 사람으로부터 인정을 받아야 합니다. 그러므로 자신을 인정해주지 않는 사람은 무시하고 미워합니다.

세 번째, 자신의 잘못을 시인하지 않습니다. 비록 자신이 잘못한 것처럼 생각이 들어도 저런 인간에게는 용서를 구할 수 없다는 것입니다.

네 번째, 진정한 사랑이란 찾아 볼 수 없습니다. 주님께서는 원수까지도 사랑하라고 하셨지만, 사랑도 자신을 위한 사랑, 필요에 의한 이용물 정도로 생각합니다.

대표적으로 교만했던 사람 사울 왕의 모습을 보면 교만이 얼마나 무서운 것인가를 알 수 있습니다. 교만해지기 시작하자 사울 왕은 자신의 마음대로 행동하기 시작했습니다. 먼저 하나님의 말씀을 자기 생각대로 적용시키는 불순종을 범하면서도 핑계와 변명만을 일삼았고, 자신의 마음에 맞지 않는 다윗을 미워함으로 살인을 별로 대수롭지 않게 여길 만큼 악인이 되고 만 것입니다. "교만은 인간이 범할 수 있는 가장 무서운 죄이다." C.S.루이스의 말입니다.

42

사랑은
무례하지 않습니다

무례한 사람들처럼 거부감을 주는 사람도 없습니다. 무례한 행동은 자신을 최고로 생각하는 사람에게서 나오는 행동으로, 남을 무시할 때 생기게 됩니다.

이웃을 사랑하는 사람에게서는 무례함을 찾아볼 수 없습니다. 한 사람의 무례한 행동은 모든 사람들의 기분을 상하게 만듭니다. 무례한 사람의 기준은 자기의 마음입니다. 기분이 좋으면 히죽거리며 남에게 잘해 주고, 기분이 상하면 무례함의 극치를 온몸에서 느낄 수 있습니다. 얼굴의 표정과 말투와 모든 행동이 자기 멋대로 입니다.

무례한 자들의 대표적인 특징은 아무도 잘한다는 것입니다. 자신에게 이익을 가져다 줄 세상적인 강자라고 판단될 때에는 겉으로는 굽히는 것을 서슴지 않습니다. 돈을 많이 가졌다든지, 세상적인 높은 지위를 가진 사람들 앞에서는 무례함의 모습을 느낄 수 없지만, 자신보다 보잘것 없다고 생각되는 사람에게는 예의나 조심성을 찾아 볼 수 없습니다.

특히 교회 안에서 성숙하지 못한 성도들에게서 무례한 모습을 찾아볼 수 있습니다.

자신에게 물질적인 이익을 주고 필요한 사람에게는 살살거리면서도 육적인 이익을 주지 못한다고 생각될 때는 무례하기 이를 데 없습니다. 특히 소그룹을 인도하는 평신도 사역자들인 순장들이 이런 고백을 합니다. 예수를 믿어도 성숙하지 못한 자들로부터 얼마나 무례함을 많이 당하는지 모른다고 합니다. 어떤 초신자는 집을 방문하면 쌀쌀맞게 대할 뿐 아니라 말을 해도 대꾸도 하지 않는다고 합니다. 그래도 묵묵히 참으면서 빨래도 해 주고 맛있는 음식도 나누어 먹으면서 말씀을 나누며 공부하는 동안 신앙이 성숙하여 그 무례함이 차츰 사라져 간다고 합니다.

그런데 무례한 사람일수록 상대방의 무례함에는 민감하다는 사실입니다. 자신은 기본적인 예의도 지키지 않으면서 상대방의 무례함에는 분해하며 더 야단을 떱니다.

무례는 지독한 이기심에서 발생하는 모습입니다. 자기를 너무 사랑한 나머지 자기의 기분대로 행동하는 철부지 같은 행동입니다.

어린아이들에게는 예의가 없습니다. 기분에 따라 본능적으로 행동합니다. 그러므로 그리스도인들은 성숙해야 합니다. 하나님의 말씀으로 변화되어야 합니다.

하나님께서는 무례함을 결코 용납하시지 않습니다. 오늘날 가까운 사이라는 것 때문에 행하는 무례함이 얼마나 많은지 모릅니다. 특히 부부 사이의 무례함이야말로 교회와 사회를 병들게 하는 큰 이유가 됨을 알아야 합니다. 사랑하기 때문에 함부로 해서는 안 됩니다. 참된 사람은 무례가 아니라 예절을 지키는 것입니다.

하나님의 자녀가 된 성도들의 모습에서 무례와 무질서가 계속된다면 사탄의 계략에 말려 들어 미움과 상처와 싸움으로 공동체가 파괴되고 말 것입니다.

무례함에 관계된 원어인 부즈(bus)가 "얕보다, 멸시하다"의 뜻을 가지고 있습니다. 사람에 대해 무례한 사람이 하나님을 경외할 수는 없습니다.

다른 사람들에게 사랑이라는 단어를 내세워 무례하게 행하면서도 포용해 주어야 한다고 주장할 권리는 없습니다. 하나님은 말씀을 이용하여 상대방에게 요구하는 사람을 좋아하시지 않습니다. 하나님의 말씀의 적용 대상은 바로 당신이기 때문입니다. 하나님의 관심은 당신입니다. 당신은 무례하지 않습니까?

43

사랑은 자기의 유익을 구하지 않습니다

이 세상에는 사랑이라는 단어가 너무 해프게 사용되고 있습니다.

이무 곳에서나 사랑을 노래하고 사랑을 구합니다. 이러한 값싼 사랑은 자기를 충족시키려는 욕심에서 나옵니다. 자기의 마음에 한계를 긋고 있는 제한된 사랑, 자기의 마음을 충족시켜 주지 못하면 그 사랑은 언제든지 미움으로 변합니다.

결국 자기 유익을 구하는 사랑 때문에 얼마나 많은 사람들이 좌절하고, 분노하고, 저주하며, 싸웁니까? 이기심처럼 자신을 철저하게 파괴시키는 것도 없습니다. 이기심으로 가득 찬 사람은 언제나 초조와 불안함으로 살아갈 수밖에 없습니다. 샌프란시스코의 금문교에서는 자살하는 사람이 해마다 한두 명씩 있다고 합니다. 아름다운 구름 아래 자리 잡은 금문교의 모습은 그곳을 찾는 사람들의 입에서 탄성을 자아내기에 충분하다고 합니다. 그런데 그 아름다움이 세상을 저주하며 죽어가는 사람들 때문에 오염되어 가는 것입니다.

1964년에는 한국 청년 한 명이 투신자살을 했다고 합니다. 자살한 청년은 미국에서 유학을 마치고, 영주권을 획득하여 안정된 생활을 하고 있던 부러울 것이 없는 청년이었습니다. 그의 자살 이유가 그의 주머니에 있던 한 장의 편지를 통해 지상에 보도되었습니다. 그 내용인즉, 사랑하는 여자가 있었는데 학생이었습니다. 생활이 넉넉하지 못했기에 그 청년은 애인이 졸업할 때까지 학비를 다 대어 주었다고 합니다. 그런데 졸업하자마자 그 여자는 그 청년을 버리고 다른 남자와 결혼을 한 것입니다. 그 청년은 세상이 무너지는 것 같은 충격을 이기지 못했고 배신감에 치를 떨다가 세상을 저주하며 자살하고 만 것입니다.

이 청년의 사랑은 참 귀한 것이라고 말할 수 있습니다. 그러나 사랑이란 자기 유익을 구하는 것이 아니라는 것을 몰랐기에, 받지 못한 사랑의 대가를 저주하며 죽은 것입니다.

참된 사랑은 주는 데 있습니다. 남에게 주기로 결정한 자처럼 마음의 편안함을 느끼는 사람도 없을 것입니다. 소유욕은 사람을 불안하게 합니다. 아무리 많이 가져도 만족이 없기 때문입니다. 하나님께서 욕심을 통해서는 행복을 주시지 않습니다. 그러나 주기로 결정하고 대가를 기대하지 않는 사람에게는 행복을 주십니다.

믿음의 조상 아브라함에게서 배울 수 있는 또 하나의 미덕이 바로 자기의 유익을 구하지 않는 사랑입니다. 조카 롯과 가나안에 이르렀을 때 양가의 종들이 서로 다투는 모습을 보고, 조카와 의가 상할 것을 염려하여 아름다운 소돔 평야를 조카 롯에게 양보한 사랑은, 얼마 후 하나님으로부터 자기의 유익을 구하지 않은 사랑으로 인정받아 그 결과를 눈으로 확인하게 됩니다. 롯이 자기의 욕심에 의해 선택한 소돔 성은 하나님의 심판으로 불바다가 되고 말았습니다.

자기중심의 삶은 그 결과가 아름답지 못하다는 사실을 잘 아시는 하나님께서, 우리에게 오늘도 자기의 유익을 구하는 것이 얼마나 어리석은가를 말씀과 여러 사건을 통해 경고하십니다.

하나님께서는 우리에게 가장 귀한 독생자까지 아끼지 않고 주셨습니다. 하나님은 주기를 즐겨 하셨습니다. 그러므로 하나님께서는 주기를 좋아하는 사람을 찾으시는 것입니다.

"주라 그리하면 너희에게 줄 것이니 곧 후히 되어 누르고 흔들어 넘치도록 하여 너희에게 안겨 주리라 너희의 헤아리는 그 헤아림으로 너희도 헤아림을 도로 받을 것이니라"고 하신 주님의 말씀처럼, 주는 것이 얼마나 큰 축복인가를 알아야 합니다(눅 6:38).

사랑은 자기의 유익을 구하지 않습니다. 당신은 어떻습니까?

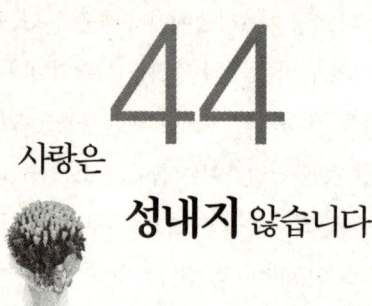

44

사랑은
성내지 않습니다

사람에게 가장 위험한 순간은 성내고 있는 때라고 말할 수 있습니다.

순간적인 분노를 절제하지 못한 결과 한평생을 괴로워하며 살아가는 사람들이 있습니다. 감정을 절제할 수 없는 상태처럼 위험한 순간은 없습니다. 죄수들 가운데 갑작스럽게 감정을 폭발시킴으로 범죄하여 감옥에 들어간 사람의 수가 과반수를 넘는다고 합니다.

살다 보면 분노할 일들이 생깁니다. 어떤 사람은 천성적으로 혹은 습관적으로 성을 잘 내는 사람이 있습니다. 물론 성격 탓이라고 변명할 수 있을 것입니다. 사실 성을 내야 할 시간에는 낼 필요가 있습니다. 예수님도 성전의 장사꾼들을 보면서 분노하셨습니다. 의로운 분노야말로 사람들에게 깨우침을 주어 마음에 경각심을 울려 주기 때문입니다.

성경에는 정당한 분노를 한 사람들에 대해 여러 군데에 기록하고 있습니다. 금송아지를 만들어 놓고 절하며 춤추고 있는 이스라엘 백성들의 범죄를 보고 모세는 분노하였습니다. 사울 왕의 교만과 불순종에 대해 사무엘도 분노하였습니다. 요나단은 아버지 사울이 친구인 다윗을 정당한 이유 없이 미워하며 죽이려 하자 슬퍼하며 분노합니다.

그러나 정당한 분노일지라도 이성을 잃어버리고 감정만을 앞세운다면 오히려 사태를 악화시킬 수 있습니다. 분내는 자는 두 가지의 실수를 범할 수 있는 가능성을 안고 있습니다.

첫째, 그 분노 때문에 어리석은 일을 할 수 있습니다. 미워하는 감정이 마음을 사로잡아 예상하지 않던 결과를 가져올 수 있기 때문입니다. "노하기를 속히 하는 자는 어리석은 일을 행한다"는 잠언 14:17을 통해 분명하게 알 수 있습니다.

둘째, 분노한 마음은 죄를 범하기가 쉽습니다. 분노하게 한 사람이나 사건에 너무 사로잡혀 판단력을 잃어버려 하나님의 뜻과 상관이 없는 인간적인 방법을 사용함으로 범죄 할 수 있습니다. 그러므로 가능하면 빨리 분을 마음에서 지워버리는 것이 현명한 일입니다.

사도 바울은 에베소서 4:26에서 "분을 내어도 죄를 짓지 말며 해가 지도록 분을 품지 말며"라고 말씀했습니다.

분노는 사람을 범죄하게 만듭니다. 인류 최초의 살인은 분노에서부터 시작되었습니다. 이스라엘의 지도자 모세는 잘못된 분노로 인해 그가 그처럼 원하던 가나안 땅을 밟지 못하고 죽음을 맞이할 수밖에 없었습니다(민 20:10-12).

정당한 분노를 제외한 대부분의 분노는 마음속 깊이 잠재된 이기심의 폭발이라고 말할 수 있습니다. 내 자신의 인격과 재물과 가족 등에 피해를 입혔을 때 일어나는 분노를 막을 수 있는 방법은 없습니다. 오직 예수님의 사랑을 마음속에 간직한 사람만이 이 무질서한 감정을 억제할 수 있습니다.

예수님은 아무런 죄도 없으시면서 말할 수 없는 수치와 치욕을 당하셨습니다. 그러나 예수님은 분노하지 않으셨습니다. 바보처럼 참으셨습니다. 그렇다고 그 누구도 예수님을 바보라고 말하지 않았습니다. 예수님은 승리자였습니다. 오직 사랑이 예수님을 승리자로 만들었습니다. 예수님보다 치욕을 받은 사람은 없습니다.

오늘날 수많은 사람들이 분노하고 있습니다.

자존심이 짓밟혔다고,

나의 권리가 손상되었다고,

나의 이익이 침해당했다고,

당신은 무엇 때문에 분노하고 있습니까? 예수님의 십자가를 바라보셨습니까?

"노하기를 더디하는 자는 용사보다 낫고 자기의 마음을 다스리는 자는 성을 빼앗는 자보다 나으니라"(잠 16:32)

45

사랑은 악한 것을

생각하지 않습니다

사랑은 악한 것을 생각하지 않습니다. 사랑하는 사람들의 마음
은 넓은 마음이라고 말할 수 있습니다. 이는 마음속에 들어오는
미움과 원한이 사랑의 포용액으로 말미암아 용해되기 때문입니
다.

그러나 사랑이 없는 좁은 마음은 미움과 원한을 용해할 수 없기
에 오랫동안 넣어 둘 수밖에 없습니다. 그리고는 온갖 악한 생각
을 하게 됩니다. 남에게서 받은 해를 하나하나 되씹으면서 복수
심으로 마음을 가득 채우는 것입니다.

이렇게 악한 것을 생각하는 사람은 남의 결점만을 봅니다. 그리
고는 그 결점을 파헤쳐서 온갖 악한 소문을 퍼뜨립니다. 사랑이

결점을 덮어 주고 남의 아픈 상처를 들추지 않는 것과는 대조를 이룹니다.

또한 악한 생각은 악을 추측하여 상대방을 악인으로 만들어 버립니다. 자신의 기분대로 주관적인 판단을 합니다. 그러다 보면 터무니없는 의심과 오해를 하여 더욱 증오하게 되고 급기야는 해결 할 수 없는 상태에까지 이르게 됩니다.

이렇게 악한 생각은 언제나 최악의 결과를 만들고야 맙니다. 악한 생각은 결코 문제의 해결이 아닙니다. 복수가 복수를 낳습니다. 악한 생각은 끝없는 원망과 미움의 회전축입니다.

동인도제도에는 "복수하는 원숭이"가 있다고 합니다. 그 지방 원주민들은 복수할 대상이 생기면 이 원숭이를 이용한다고 합니다.

복수하는 방법은, 장마가 시작될 때 복수할 집의 지붕 위에 옥수수와 쌀 등을 뿌려 놓으면 원숭이들이 먹이를 찾기 위해 그 지붕 위를 다니면서 지붕을 엉망진창으로 만들어 버리고 만다고 합니다. 결국 그 집은 장마로 인해 망가져서 큰 손해를 입게 된다고 합니다.

이런 이유 때문에 그곳 주민들은 "복수하는 원숭이"를 섬긴다고 합니다. 이 원숭이는 먹이를 찾기 위해 이곳저곳으로 쫓아다니면서도 자신이 복수의 이용물이 되고 있음을 전혀 모르고 날뛰고 있는 것입니다.

사람들 가운데서도 사탄의 이용물이 되어 복수하는 원숭이처럼 자신의 먹이에만 신경을 곤두세우며 사는 어리석은 사람들이 얼마나 많은지 모릅니다.

복수하는 것은 주님의 뜻과 정반대가 되기에 주님은 경계하십니다.

"서서 기도할 때에 아무에게나 혐의가 있거든 용서하라 그리하여야 하늘에 계신 너희 아버지도 너희 허물을 사하여 주시리라 하셨더라"(마 11:25)

"내 사랑하는 자들아 너희가 친히 원수를 갚지 말고 진노하심에 맡기라 기록되었으되 원수 갚는 것이 내게 있으니 내가 갚으리라고 주께서 말씀하시니라"(롬 2:19)

하나님의 뜻과 정반대의 뜻인 악한 생각에 대해 하나님은 결코 묵인하시지 않습니다.

그러므로 악에 대한 하나님의 심판을 성경 여러 군데에서 찾아볼 수 있습니다. 악한 생각으로 악을 행한 민족들이 멸망했습니다. 이스라엘이 범죄 했을 때 하나님은 이방 민족인 앗수르와 바벨론의 손에 붙여 멸망시키셨습니다. 악한 생각으로 악을 행한 민족은 모두 비참한 패배로 종말을 고하고 말았습니다. 히틀러의 나찌스, 뭇솔리니의 파시즘, 일본의 군국주의 등…

이는 민족뿐 아니라 개인들에게도 적용되었습니다.

참된 사랑의 마음을 가지면 악한 생각에서부터 벗어날 수 있습니다. 원수를 이길 수 있는 방법은 없습니다. 오직 사랑만이 원수를 이길 수 있습니다.

사랑의 힘은 그 무엇과도 비교되지 않습니다. 사랑하는 자에게 하나님이 임하시기 때문입니다.

"하나님은 사랑이시라 사랑 안에 거하는 자는 하나님 안에 거하고 하나님도 그 안에 거하시느니라"라고 한 요한일서 4:16 말씀을 기억하십니까?

46

사랑은 불의를
기뻐하지 않습니다

현대는 선과 악의 기준이 분명하지 않은 시대입니다. 자신에게 손해가 되면 불의요, 이익이 되면 바로 선이라고 생각하는 물질적인 가치관으로 가득 차 있습니다.

교회 안에까지 이러한 물질적인 가치관이 침투해 있기에 더욱 안타까운 것입니다. 자기에게 이익이 되는 일이라면 하나님의 법을 어기는 것을 별로 심각하게 생각하지 않습니다. 하나님이 기뻐하실 것인가 싫어하실 것인가 하는 것보다, 우선 내 마음에 맞아야 그것이 선이기 때문입니다.

인간의 타락이 바로 여기에서부터 시작됩니다. 소돔 성과 고모라 성의 멸망이나 노아의 홍수가, 의와 불의의 기준이 인간의 욕심에 의해 좌우될 때 다가왔음을 기억해야 합니다.

불의를 가르키는 말인 아디키아(adikia)는 율법을 범한 것을 말합니다. 참된 사랑을 소유한 사람은 불의를 기뻐하지 않습니다. 부모가 자녀의 불의를 보고 안타까워하며 진노하듯이, 예수님의 사랑을 깨닫고 그 사랑을 실천하려는 사람들은 불의를 보며 기뻐하지 않습니다.

요즘은 너무 범죄가 많기에 사람들이 충격적인 사건을 보아도 큰 감각이 없는 듯합니다. 오히려 범죄 사건을 보고 안타까워 하기 보다 흥미 있어 하는 사람들도 있습니다.

예수님 당시의 바리새인들은 그 시대의 타락을 보며 안타까워 하면서 기도한 것이 아니라, 오히려 자신의 의를 과시하며 범죄자들을 멸시함으로 예수님의 책망을 받았습니다. 그들은 자신의 의가 남들에게 알려지는 욕심(일종의 명예심)만 채워지면 그만이었기에, 오히려 더욱 남을 비판하고 정죄하는 일에 열을 올렸던 것입니다.

공동체에 속한 한 사람의 범죄는 우리 모두의 아픔입니다. 그 어떤 것과 비교할 수 없는 심각한 고통인 것입니다. 하나님께서는 언제나 공동체적인 삶을 가르치셨습니다. 한 사람 아간의 범죄로 아이 성 싸움에서 대패하여 온 백성에게 아픔을 안겨 주었습니다. 그런데 한 사람의 불의를 보며 대수롭지 않게 여긴다면 이는 주님이 원하시는 공동체적인 삶에서 벗어난 지극히 개인주의적인 모습이 아닐 수 없습니다.

사랑은 개인주의적인 우월감을 싫어합니다. 자신만을 생각하는 사람처럼 어두운 사람은 없기 때문입니다.

참된 사랑은 결코 불의를 기뻐하지 않습니다.

불의에 대한 그리스도인들의 태도는 분명해야 합니다. 차라리 불의를 당할지언정 불의를 행하여서는 안 됩니다. 그리고 로마서 6:13에 보면 "또한 너희 지체를 불의의 병기로 죄에게 드리지 말고 오직 너희 자신을 죽은 자 가운데서 다시 산 자 같이 하나님께 드리며 너희 지체를 하나님께 의의 병기로 드리라"고 말씀하고 있습니다.

이는 우리의 지체가 결코 불의하게 사용되어서는 안 됨을 경고하고 있다고 볼 수 있습니다.

죄를 범하고 구치소로 발걸음을 옮기는 자녀를 보며 손수건으로 눈물을 적시는 부모를 생각해 보셨습니까? 하나님은 자녀들의 불의와 함께 어울리는 것을 보며 슬퍼하실 것입니다.

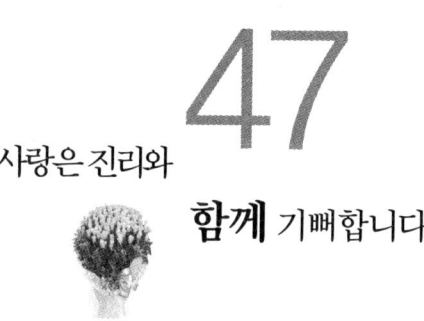

47

사랑은 진리와

함께 기뻐합니다

참된 사랑은 정의와 진리 위에서 활동합니다. 진리 위에서 활동하지 않는 이유는 육적인 사랑을 가졌기 때문입니다. 진리를 지키기 위해서는 고통과 고난도 감수할 수 있는 사랑이 참된 사랑이라고 말할 수 있습니다.

참된 사랑과 진리는 떼어 놓을 수가 없습니다. 이는 참된 사랑을 가진 자는 그 근거를 진리에 두고 있기 때문입니다. 겉으로 보기에는 사랑이 많은 것 같은데 그 결과가 아름답지 못하다면 그 사랑이 진리 위의 사랑인지 아닌지를 의심해 볼 필요가 있습니다.

사탄도 사랑을 이용합니다. 그러나 그 사랑의 뿌리는 진리가 아니라 거짓입니다.

진리가 무엇입니까?

진리는 기독교의 핵이라고 할 수 있는데 복음(Good News)을 말하는 것입니다. 예수님을 통해서만 구원받을 수 있는 인류 최고의 기쁜 소식을 복음이라고 합니다.

예수님께서는 "내가 곧 길이요 진리요 생명이니 나로 말미암지 않고는 아버지께로 올 자가 없느니라"고 말씀하심으로 예수님 자신이 진리이심을 확증하셨습니다. 사도 바울도 에베소서 4:21에서 "진리가 예수 안에 있는 것같이 너희가 과연 그에게서 듣고 또한 그 안에서 가르침을 받았을진대" 라고 말씀하고 있습니다.

예수님은 진리이십니다. 그러므로 예수님과의 관계없는 육적인 사랑은 일시적으로는 사람들의 마음을 사로잡을는지 모르나 진리와는 관계없는 결과를 가져오므로 하나님의 나라에 유익을 끼치지 못할 뿐 아니라 사탄에게 이용되어 무익한 결과를 가져올 수 있음을 알아야 합니다. 진리 되신 예수님의 뜻과 일치한 사랑이야말로 주님께서 원하시는 참된 사랑입니다. 이런 참된 사랑은 진리와 함께 기뻐합니다. 자신에게 손해가 되고 고통이 될지라도 진리를 쫓아가며 기뻐합니다.

오늘날 사람들의 일반적인 사랑은 진리와 함께 기뻐하기보다는 자신의 뜻이 앞선다는 사실입니다. 자신의 뜻이 앞서게 되면 진리 되신 주님의 뜻은 무시될 수밖에 없습니다. 즉, 자신의 욕심이나 생각가지도 주님 앞에 완전하게 굴복한 상태가 된 사람만이 진리와 함께 기뻐할 수 있습니다.

주님의 십자가의 사랑을 듣고 얼마나 감격의 눈물을 흘렸습니까?

침을 내뱉는 로마 군병들의 조롱/ 납덩이가 박힌 가죽 회초리에 묻은 예수님의 피 묻은 살점/ 얼굴을 가로질러 흘러내리는 가시면류관으로부터의 핏물/ 돌짝밭에 시달려 부르튼 발/ 손을 관통한 큰 못 사이로 솟아나오는 진홍 같은 피/ 창에 찔려 구멍 난 옆구리에서 나오는 물과 피/ 고통을 이기지 못하여 솟아오르는 땀…

정말 주님을 사랑하십니까?

진리 되신 주님을 기뻐하십니까?

오늘날 교회가 말로만 주님을 사랑하고 사실은 자기의 욕심을 챙기는 사람들 때문에 시끄럽습니다. 진리를 앞세우고 자신의 뜻을 내세우는 외식적인 사람들…

나를 위해 돌아가신 사랑의 주님은 지금도 사람을 찾고 계실 것입니다. 진리와 함께 기뻐하는 사람들을 말입니다.

사랑은 진리와 함께 기뻐합니다. 당신은 어떻습니까?

48

사랑은  **모든 것을** 참습니다

참는다는 단어인 '스테고(Stego)'는 원래 '덮는다'는 뜻을 가지고 있습니다.

다른 사람의 결점과 치부를 덮어 줄 수 있는 넓은 아량을 말합니다.

사람들은 자신의 결점에 대해서는 관대하면서도 다른 사람의 허물을 보면 이해하기보다는 비판적이고 부정적으로 보며, 그것을 파헤치려고 하는 경우가 많습니다.

허물이 없는 사람은 없습니다. 그런데 자신의 허물은 잘 볼 수 없으면서도 남의 허물이 잘 보이는 것이 인간이기에, 우리는 남의 허물도 이해하며 덮어 줄 수 있어야 합니다.

남의 허물이나 결점이 나에게는 가시가 되어 아프게 찌른다고 해도 참아야 합니다. 이것까지 하나님께서 요구하고 계십니다.

형제의 허물을 광고해서는 안 됩니다. 부득불 그 허물을 고치기 위해서는 기도하며 권면할 수 있을 것입니다. 그러나 비난과 수치를 당하지 않도록 처리해야만 합니다.

하나님께서 우리의 허물을 파헤치신다면 우리는 살아남을 수 없을 것입니다. 그러나 그리스도를 통해서 우리의 허물을 사해 주셨습니다.

"그가 찔림은 우리의 허물을 인함이요 그가 상함은 우리의 죄악을 인함이라 그가 징계를 받음으로 우리가 평화를 누리고 그가 채찍에 맞음으로 우리가 나음을 입었도다"(사 53:5)

한 분밖에 안 계신 외아들 예수님을 보내서 십자가에 못 박으시면서 까지 철저하게 우리의 허물을 도말하시기로 작정하신 하나님의 사랑을 생각하면 용서하지 못할 것도 없습니다.

"나 곧 나는 나를 위하여 네 허물을 도말하는 자니 네 죄를 기억지 아니하리라"(사 43:25)

하나님은 우리의 눈이 남의 허물과 결점을 발견하도록 지음 받은 것이 아니라, 하나님이 만드신 아름다운 창조물을 보고 우리의 마음도 자연처럼 아름다워지기를 원하고 계실 것입니다.

아직도 남의 허물을 보며 용납하지 못하고 인내하지 못합니까?

잠언 기자는 말씀합니다.

"허물을 덮어 주는 자는 사랑을 구하는 자요 그것을 거듭 말하는 자는 친한 벗을 이간하는 자니라"(잠 17:9)

예수님의 사랑을 실천하려는 사람은 이웃의 허물과 과실을 인내하며 덮어 줍니다. 결코 사람들에게 말하지 않습니다. 조용히 친구가 허물을 깨닫고 돌아오기를 기도할 뿐입니다.

물론 이웃의 허물이 나를 찌르고 고통을 줄 수도 있을 것입니다. 그러나 주님은 그 모든 것에 대해 참으라고 말씀하고 계십니다. 견고하게 흔들리지 말고 참아야 합니다. 비록 그것이 중상과 모략, 그리고 저주가 포함되어 있을지라도 덮어 주고 참아야 할 것을 주님은 요구하고 계십니다.

왜입니까? 주님께서 참으셨기 때문입니다. 세상에서의 최고의 치욕까지도 참으셨기에 "모든 것"을 참으라고 말씀하고 있습니다.

형제여! 당신은 참기 위해 어떤 눈물을 흘렸습니까? 주님은 당신의 눈물을 보시면서 더 많은 눈물을 흘리실 것입니다. 주님은 인간의 연약성을 누구보다 잘 알고 계시기 때문입니다.

사랑은 모든 것을 참습니다.

"사랑은 허다한 죄를 덮느니라"(벧전 4:8)

사랑은 **모든 것을** 믿습니다

    사랑은 모든 것을 믿습니다. 사랑의 마음을 가진 사람은 최악의 상황에서도 상대방의 장점을 기억하려는 자세를 가지고 있습니다. 사람들은 어떤 상황이 발생하면 자신에게 유리한 대로 생각하고 행동을 하지만, 참된 사랑은 좋은 때나 나쁜 때나 변치 않고 믿어 주는 것을 말합니다. 비록 그 믿음이 좋지 않은 결과를 가져다 줄는지 몰라도 전혀 흐트러짐이 없는 믿음의 자세를 말합니다.

    사람들에게는 일반적으로 남을 의심하여 믿지 못하는 습관이 조금씩 있습니다. 의심하고 경계하는 것처럼 사람을 피곤하게 하는 것도 없습니다. 남을 사랑하지 못하고 자신만을 믿는 사람은 자신 외에는 그 누구도 믿을 수가 없습니다. 이는 참으로 불행한 일이라고 말할 수 있습니다. 의심이 많은 사람은 정상적인 인간 관계를 유지할 수 없습니다. 다시 말하면 참된 형제애를 맛볼 수가 없습니다. 남을 믿을 수 없기에 자신의 마음을 열어 보이기가 두려워서 속이고 위선을 떨 수밖에 없습니다.

경행록에 보면 이런 말이 있습니다. "남을 의심하지 말라. 의심하면 남도 나를 의심하리라. 남에게 속는 것은 수치가 아니다. 남을 속이는 것이 부끄러운 일이다."

의심은 부끄러운 일입니다. 더 나아가 의심은 죄를 범할 수 있기에 의심하지 말아야 합니다. 또한 의심하는 사람처럼 불안 속에서 사는 사람도 없을 것입니다. 의처증이나 의부증으로 고통당하는 사람들을 통해서 우리는 그 실상을 충분하게 알고 있습니다.

사랑은 모든 것을 믿습니다.

도무지 희망이 없어 보이는 사람일지라도 믿어 줄 수 있는 것은 참된 사랑이 아니면 불가능한 일입니다.

탕자를 기다리는 아버지의 마음입니다. 이미 포기해야만 하는 아들이지만 그래도 포기하지 않고 아들이 돌아올 것이라고 믿은 아버지의 믿음은 바로 사랑으로부터 나온 것입니다. 모든 사람이 조롱하고 포기하라고 권유해도 포기할 수 없는 믿음이 바로 사랑입니다.

사랑하면 믿고 기다릴 수 있습니다.

오래 전 어머니로부터 들은 외삼촌의 이야기가 생각납니다.

저의 외삼촌이 일제시대에 만주에 공부를 하기 위해 가 있는 동안 해방이 되었습니다. 한국 사람들이 중국인들에게 몹쓸 짓을 많이 해서 중국 사람들이 한국 사람을 많이 죽였다고 합니다. 일본 사람과 한국 사람이 도망치면 일본 사람들은 포기해도 한국 사람은 끝까지 쫓아와서 죽였다고 합니다. 그 당시 외삼촌이 공부하러 갔던 지방에서도 한국 사람들과 학생들이 죽었다는 소문이 났습니다. 어떤 사람으로부터 외삼촌도 잡혀서 죽었을 것이라는 소식이 들려왔습니다.

이 소식을 듣기 이전부터 외할머님은 매일 역에 나가서 아들이 오기를 아침부터 저녁 무렵까지 기다리다가 집으로 돌아오시곤 하였다고 합니다. 그 소식을 듣고서도 외할머니는 여전히 아들은 분명 살아서 돌아올 것이라는 믿음을 버리지 않고 더 열심히 역에서 아들이 탄 기차를 기다렸고, 드디어 어느 날 아들은 기차에서 내려 어머니(외할머니) 품에 안겼다고 합니다.

사랑은 모든 것을 믿습니다.

50

사랑은 **모든 것을** 바랍니다

사랑은 모든 것을 바랍니다. 소망이 없는 사람처럼 의미 없는 삶을 사는 사람도 드물 것입니다. 간혹 술에 취해 길거리에서 잠을 자고 있는 사람들을 볼 수 있습니다. 지저분한 모습과 악취를 풍기고 나뒹굴어져 있는 모습에서 어떠한 희망이나 가능성을 발견할 수는 없습니다.

소망이 없는 사람, 그들은 죽지 못해서 삽니다. 살고 싶은 의욕이나 목적도 없습니다. 삶에 대한 애착이 없기에 일을 통한 기쁨도 찾아볼 수 없습니다. 그러나 참된 사랑은 소망을 가지게 합니다. 사랑을 하는 사람처럼 생기 있는 사람도 드뭅니다. 특히 사랑을 통한 기대감은 그 어떤 환경도 이길 수 있는 위대한 힘을 가집니다.

이 세상에서 예수님의 사랑을 소유한 사람들처럼 힘 있고 확실한 소망을 가진 사람도 없습니다. 이미 확실한 결과를 바라보며 일하기 때문입니다.

세상 사람들이 말하는 값싼 사랑은 두려움을 주고 염려와 의심을 생산할 수 있지만 그리스도의 사랑은 결코 실패하지 않습니다. 이는 그리스도의 사랑이 하나님의 약속에 근거하기 때문입니다. 그리스도의 사랑을 소유한 자에게 주어지는 약속이야말로 확실한 보증인 것입니다.

이 사실을 우리는 히브리서 6:17-18을 통해 확인할 수 있습니다.

"이와 같이 하나님은 약속된 것을 받을 사람들에게 자신의 계획이 변경되지 않는다는 것을 확실히 보여 주시려고 맹세로 그것을 보증해 주셨습니다. 하나님은 거짓말하실 수 없기 때문에 그분이 하신 약속과 맹세는 절대로 변할 수 없습니다. 그러므로 우리 앞에 있는 희망을 붙들려고 피난처를 향해 가는 우리는 큰 용기를 얻습니다."(현대인의 성경)

이러한 하나님의 보증을 받은 그리스도인들은 주님의 사랑을 전하는 데 온 힘을 쏟았습니다. 비록 그들에게 환난과 고난이 다가온다고 해도 확실한 소망이 있기에 그들의 사랑의 사역을 그만둘 수가 없었던 것입니다.

죽음이 온다고 해도 두려워하지 않았던 이유가 바로 소망이었습니다. 히브리서 11장에서 믿음의 사람들에게 나타난 확실한 증거가 그들에게 약속된 소망이었음을 알 수 있습니다.

"믿음은 바라는 것들의 실상이요 보지 못하는 것들의 증거니 선진들이 이로써 증거를 얻었느니라" (히브리서 11:1)

사랑을 가진 사람들은 앞에 있는 소망을 보며 지칠 줄 모르게 달렸습니다. 아벨은 믿음의 제사를/ 노아는 방주를/ 아브라함은 순종을/ 사라는 잉태를/ 모세는 공주의 아들 됨을 거절하였고/ 기생 라합은 정탐꾼을 평안히 영접하였고/ 기드온, 바락, 삼손, 입다, 다윗, 사무엘은 말하기에 시간이 부족한 소망을 가졌으며/ 어떤 이는 사자의 입을 막았으며/ 여자들은 자기의 죽은 자를 부활로 받기도 하며/ 어떤 이들은 돌로 쳐 죽임을 당하였으며/ 또 다른 이들은 톱으로 켜는 것과 칼에 죽는 것을 당하였으며….

소망을 가진 사람들은 세상의 어떤 힘도 이길 수가 있습니다.

이러한 소망은 성령을 통해 소유하게 된 그리스도의 사랑 때문에 가능한 것입니다.

"이 희망은 우리에게 실망을 주지 않습니다. 그것은 하나님이 우리에게 주신 성령으로 우리 마음에 그분의 사랑을 주셨기 때문입니다." (롬 5:5 현대인의 성경)

당신은 모든 것을 바랍니까?

사랑은 **51**

모든 것을 견딥니다

"견딘다"는 동사인 휘포메노는 "남다" "머물러 있다" "견디다"
는 뜻으로 소극적인 의미에서 인내가 아니라 적극적인 의미를 가
진 단어로, "참다"라는 단어보다 훨씬 강한 것입니다.

참된 사랑은 포기하거나 항복하지 않습니다. 결코 패배가 없습
니다. 최악의 상태가 몰려와도 그 사랑 때문에 견딥니다. 최고로
맹렬한 공격에도 낙심하지 않는 군인의 모습과 같은 강렬함입니
다.

사람이 순교의 순간까지도 끝까지 견딜 수 있는 것은 참된 사랑
때문입니다. 예수님께서 십자가에서 사랑을 실천하심으로 우리
에게 보여 주신 모습이 바로 견디신 모습입니다.

고난을 자원하는 사람들은 드뭅니다. 그러나 모든 것을 견딜 각오를 한 사람은 참된 사랑을 느끼고 소유한 사람입니다. 사랑은 그 어떤 두려움이나 위험도 극복할 수 있기 때문입니다.

로마의 최고 집정관이며 근위 대원이었던 아드리안은 크리스천들을 심하게 박해하는 군인이었습니다. 그는 수많은 사람들을 고문하였으나 한 가지 이해되지 않는 것은 고문과 박해를 아무리 해도 크리스천들의 의연함과 침착성을 흐트릴 수가 없었습니다. 그는 대단한 자신감을 가지고 살아가고 있었습니다. 젊은 나이에 남보다 빠른 출세를 하였습니다. 그러나 크리스천들의 자신감이 자신보다 훨씬 더 강하다는 사실을 깨닫게 되었습니다.

그러던 어느 날 고문을 받은 크리스천에게 물었습니다.

"너는 어떻게 그 무서운 고문 속에서도 기쁨과 확신을 가질 수 있는가?' 그러자 이렇게 대답을 했습니다.

"우리가 믿은 예수 그리스도께서 우리와 함께 계시기 때문입니다." 이 말을 들은 아드리안은 심한 충격을 받았습니다. 지금까지 핍박으로 죽어가던 사람들의 평안함을 생각하며 용기를 내어 예수님을 믿기로 결정을 했습니다.

그는 크리스천을 고문하고 있던 집행관 앞으로 당당하게 나아가 엄숙하게 말을 했습니다.

"집행관이여! 나의 이름도 고문 받는 크리스천의 이름 속에 넣어 주시오. 나도 이제부터 크리스천이 되겠소!'

아드리안은 그때부터 고문을 당하며 예수를 버릴 것을 종용받았다고 합니다. 그러나 그는 23년간이나 고문을 받으면서도 끝끝내 부인하지 않고 예수님을 믿는 크리스천으로 남았습니다. 그리고 주후 303년 니코메디아 지방에서 죽임을 당함으로 아름다운 순교자의 대열에 들어가게 되었다고 합니다.

사랑은 모든 것을 견딥니다.

어떤 어려움이든지 결단력 있게 감당해 나갔던 믿음의 순교자들 때문에 오늘날 아름다운 복음의 열매가 맺혔음을 부인할 수 없습니다.

"또 너희가 내 이름을 인하여 모든 사람에게 미움을 받을 것이나 나중까지 견디는 자는 구원을 얻으리라" (마 10:22)

사랑하는 형제여! 주님을 사랑하십시오. 그러면 우리가 견딜 수 있는 하나님의 영광스러운 힘을 받아서 강해질 것입니다. 그리고 빛의 나라에서 성도들이 얻는 축복에 참여할 것입니다.

"그 영광의 힘을 좇아 모든 능력으로 능하게 하시며 기쁨으로 모든 견딤과 오래 참음에 이르게 하시고" (골 1:11)